LISA FREUND

Kraftquellen entdecken

Was in schwierigen Zeiten stärkt

SCORPIO

Lisa Freund ist eine der renommiertesten Fachfrauen und Autorinnen zu den Themen Leben mit Sterben und Tod sowie Begleitung in Krisenzeiten. Sie ist als Supervisorin, Seminarleiterin und sozial engagierte Buddhistin tätig, seit mehr als 20 Jahren aktiv in der Hospizbewegung und Mitbegründerin der innovativen Online-Plattform Elysium.digital. Sie lebt in Berlin.
www.lisafreund.de

FSC
www.fsc.org
MIX
Papier aus verantwortungsvollen Quellen
FSC® C084279

Umschlaggestaltung: Hauptmann & Kompanie Werbeagentur, Zürich
Die Abbildung auf S. 106 stammt aus Gerda und Rüdiger Maschwitz: Dem Leben neue Farbe geben, Trinity, München 2015.
Layout und Satz: Veronika Preisler, München
Druck und Bindung: Print Consult, München
ISBN 978-3-95803-104-3

www.scorpio-verlag.de

Inhalt

Einleitung

Mir ist in den letzten zehn Jahren die Arbeit mit Kraftquellen sehr ans Herz gewachsen. Ich bin seit 1990 in der Hospizbewegung tätig und begleite Sterbenskranke und ihre Angehörigen, halte Seminare und Vorträge über Sterben, Tod und Leben. Mir wurde in dieser Arbeit immer klarer: Wer davon überzeugt ist, dass er ein spirituelles oder geistiges Wesen ist, das einen menschlichen Körper bewohnt, der hat eine Perspektive über dieses Leben und den grauen Alltag hinaus.

Selbst wenn Sie diese Vorstellung nicht teilen können: Es gibt in uns etwas, das mehr ist als der physische Körper. Dieses Etwas können wir näher kennenlernen, indem wir meditieren, uns der Innenschau widmen oder einfach mit der grandiosen Fähigkeit unseres Bewusstseins spielen, alles immer wieder aus neuen und ungewohnten Blickwinkeln zu betrachten. Hierzu dienen auch die Kraftquellen.

Das heißt: In einer scheinbar aussichtslosen Situation, einer Krise, habe ich eine Wahl. Inmitten der Finsternis, die mich umgibt, keimt etwas Neues. Dieser Keim ist anfangs zart, zunächst nur so etwas wie eine Ahnung. Lausche ich in diesen Keim hinein, kann ich einen neuen Weg entdecken, der mich durch die Krise führen wird, und vorsichtig den ersten Schritt in eine andere Richtung gehen. Dazu gehört, dass ich mir erlaube hinzuschauen, den Keimling zu entdecken und ihn wachsen zu lassen. Vielleicht ist er der Beginn eines neuen Projekts, einer neuen Beziehung?

Es wird immer wieder Keimlinge geben, die wachsen, reifen, Früchte tragen, welken, sich in den Samen zurückziehen, dort verdichten und dann wieder ruhen, um neuem Wachstum Platz zu machen. Das Leben steht nicht still. Nichts bleibt, wie es ist. So gesehen, haben wir keine andere Wahl, als dem Wandel zu vertrauen. Wenn wir vertrauen, geben wir uns die Erlaubnis loszulassen, was ausgereift oder auch überholt ist.

Vertrauen trägt in Krisensituationen. Es mindert die Angst. Vertrauen kommt aus unserem Inneren, aus einem Feld von Potenzial, das in unserem Bewusstsein wohnt. Dieses Potenzial ist immer da, auch wenn wir es gerade nicht spüren. Während wir vertrauen, haben wir einen Zugang zu ihm. Wir spüren Wohlbefinden, Lebensfreude, sind frei von dem selbstzerstörerischen Drang, uns in Negativität hineinzusteigern. Wir gehen mit dem, was ist. Die Veränderung im Leben darf geschehen, ohne dass wir Widerstand leisten. Das braucht seine Zeit. Wir wachsen mit dem Keimling ins Loslassen des Alten hinein.

Kraftquellen sind geschickte Mittel, die uns ins Vertrauen bringen. Sie helfen, wenn wir uns ändern müssen, wenn im Leben alles zusammenbricht oder Ungewohntes geschieht. Auch wenn Sie diese Hoffnung, dieses Vertrauen gerade nicht spüren, kann die Auseinandersetzung mit den Kraftquellen ein Dünger für diese Hoffnung sein. So kann sie keimen, wachsen und stärker werden – auch in Ihnen.

Dieses Buch möchte Ihnen dabei helfen, Ihre persönlichen Kraftquellen zu finden, mit ihnen zu experimentieren und herauszufinden, was Ihnen guttut. Der Fokus liegt auf einem Bewusstseinstraining, das Spaß macht und gleichzeitig den Horizont erweitert, das alltagstauglich ist und zugleich auch ein kleines Abenteuer. Meditationen, Imaginationen und kleine Übungen zeigen Ihnen verschiedene Wege zu Ihrem innersten Potenzial. Einen Schwerpunkt bildet die Integration von Kraftquellen in den »normalen« Alltag. Dazu finden Sie zahlreiche Anregungen, Vorschläge und Hinweise. Bedenken Sie: Der Weg zu Ihren persönlichen Kraftquellen ist ein Übungsweg. Er braucht Zeit – und ein bisschen Geduld. Aber es ist ein freudvoller Weg.

1

Was ist eine Kraftquelle?

Eine Kraftquelle ist eine äußere, innere oder spirituelle Quelle, die uns nährt. Sie ist vergleichbar mit der Quelle eines Flusses: Das Wasser kommt aus dem Innersten der Erde hervor, formt sich ein Bett, in dem es fließen kann, und mäandert durch Landschaften bis hin zur Mündung ins Meer. Ohne Quelle gibt es keinen Fluss. Auf uns Menschen übertragen heißt das: Ohne die Fähigkeit, die uns innewohnenden Ressourcen zu nutzen, versäumen wir es, unser Potenzial zu entfalten. Wir verschlafen das Leben.

Verschiedene Arten von Kraftquellen

Ich unterscheide im Folgenden zwischen drei Arten von Kraftquellen: den äußeren, die wir mit unseren Sinnen wahrnehmen; den inneren in Form von unser Wohlergehen fördernden Einstellungen und Gefühlen; und den spirituellen, die uns mit dem uns allen innewohnenden, reinen Potenzial verbinden.

Unsere Sinne: Zugang zu äußeren Kraftquellen

Kraftquellen inspirieren und helfen uns, wenn wir erschöpft oder niedergeschlagen sind. Dabei kann alles, was ich mit meinen Sinnen wahrnehmen kann, zu einer äußeren Kraftquelle werden: ein heißes Bad, eine Tasse Tee, eine wohltuende Massage, Bewegung an der frischen Luft, eine Symphonie, ein gutes Essen, ein geliebtes Haustier, eine schöne Blüte, ein Duft, eine Berührung … Wichtig ist, dass ich um die stärkende und aufbauende Wirkung der äußeren Kraftquelle weiß und sie nutze, etwa indem ich mit einem heißen Bad meine Muskelanspannung auflöse. Ich entscheide mich bewusst für das Bad, steige in die Wanne mit der Absicht, die wohlige Wärme zu genießen. So entspanne ich und kann zusätzlich innere Einkehr pflegen. Auf diese Weise komme ich mithilfe der äußeren Kraftquelle, dem heißen Bad, in eine innere Balance. Dabei ist eine Kraftquelle etwas sehr Persönliches. Wer nicht gerne in die Badewanne steigt, wird das heiße Bad nicht als Kraftquelle nutzen können.

Jeder Mensch verfügt über eine Vielzahl starker und weniger starker Kraftquellen. Immer wenn wir im Stress zu versinken drohen oder Trübsal blasen, können wir uns auf sie besinnen. Wer dann den Hebel umstellen möchte auf Wohlbefinden, benötigt einen Anstoß, einen Schubs in die richtige Richtung. Eine Entscheidung steht an. Sie basiert darauf, dass ich weiß, was mir guttut. Statt zu klagen und mich zu beschweren, was mein Herz belastet, beschließe ich beispielsweise, im Park spazieren zu gehen oder meine beste Freundin anzurufen. Ich nutze eine meiner Kraftquellen, um ein Stimmungstief zu überwinden. Und schon lösen sich die Wolken auf, die meinen inneren Himmel verdunkelt haben. Ich sehe wieder Licht und bekomme gute Laune.

Wir haben die Wahl

Ich frage meine Freundin Nora: »Was tust du, um aus einem Stimmungstief herauszukommen?« Sie antwortet prompt: »Ich nehme mein Fahrrad und radle durch den Wald zu einem kleinen See. Dort halte ich an, lehne mich an eine alte Weide und betrachte das Wasser. Das tut mir gut, geht aber nur so richtig im Sommer.« – »Und was machst du bei Regen oder im Winter?«, forsche ich weiter. »Ich gehe in mein Lieblingscafé um die Ecke, bestelle einen Cappuccino, setze mich in einen bequemen Sessel, esse etwas Süßes und schaue den Menschen zu, die ein- und ausgehen. Oder ich singe, mache eine paar Yogaübungen, telefoniere mit meiner Freundin, schmuse mit meinen Katzen. Das Streicheln tut mir gut. Ich höre mir eine Symphonie über Kopfhörer an oder ziehe mir einen guten Film rein. Ich hab da so meine Lieblings-DVDs.« Es sprudelt nur so aus Nora heraus. Während sie spricht, entdeckt sie immer mehr innere Ressourcen: ein heißes Bad mit Duftölen oder ein Anruf bei einer Freundin, die gut zuhören kann und sie versteht. Aber auch der Blick aus dem Fenster auf den Ahornbaum im Hinterhof, die Freude beim Kochen, shoppen gehen … Dabei fällt ihr auf, dass sie noch nie darüber nachgedacht hat, dass diese kleinen Dinge ja Kraftquellen sind, aus denen sie Energie schöpft. Sie greift intuitiv auf das zurück, was zur jeweiligen Lebenssituation passt. Es ist das, worauf sie gerade Lust hat.

»Wer das Ziel kennt, kann entscheiden. Wer entscheidet, findet Ruhe. Wer Ruhe findet, ist sicher. Wer sicher ist, kann überlegen. Wer überlegt, kann verbessern.«

Konfuzius

»Ist dir eigentlich klar, was du machst, wenn du dich dazu entscheidest, dir etwas Gutes zu tun?«, frage ich. Nora blickt mich erstaunt an. Ich erläutere ihr, dass sie damit in einer kritischen, sie belastenden Situation geistig aus dem Karussell aussteigt, das sie nach unten zu ziehen droht. Stattdessen wendet sie sich in ihren Gedanken und dann im Handeln dem zu, was ihr Freude bereitet. Damit unterbricht sie Negativität in ihrem Fühlen und Denken und verhindert, dass sich trübe und tonnenschwere Gedanken zu Mustern verdichten, die ihr die Luft zum Atmen rauben. Sie übernimmt ab dem Zeitpunkt, an dem sie darüber nachdenkt, was sie sich an Gutem tun könnte, die Verantwortung für ihr Wohlbefinden. Wenn sie aufsteht, sich anzieht, das Fahrrad aus dem Keller holt und losfährt, befindet sie sich auf der Handlungsebene: Sie setzt ihre positiven Gedanken um, manifestiert sie. Damit kreiert sie heilsame Schwingungen in sich und um sich herum. Das Ganze beginnt mit einer Entscheidung: »Ich hole jetzt mein Rad« und leitet ein Umdenken ein, das zu Wohlbefinden führt. Nora stellt innerlich einen Hebel um. Sie verändert ihren Blickwinkel auf die Welt, auf sich selbst. Dieser Wechsel der Perspektive geschieht in ihrem Bewusstsein. Und schon geht es ihr besser. Sie wechselt während des Radfahrens oder des Cappuccino-Trinkens von einer negativen Stimmung in eine positive Haltung dem Leben gegenüber – und erschafft damit Wohlbefinden. *All das ist nur möglich, weil wir geistige Wesen sind. Alles, was wir tun, entscheiden wir bevor wir handeln in unseren Gedanken. Schon im Denken bestimmen wir, welche Richtung wir einschlagen werden, ob wir die Welt in positivem Licht sehen oder mit ihr hadern. Ist das nicht toll? Wir haben jederzeit die Wahl, in welche Richtung wir gehen wollen, wie wir durchs Leben schippern, auch wenn manche Umstände widrig sind.*

Gedanken und Gefühle: der Weg zu inneren Kraftquellen

Innere Kraftquellen sind Einstellungen und Empfindungen, die uns aufbauen, wie Freude, Zufriedensein, Wertschätzung, Geduld, Mitgefühl, Liebe und mehr. Wir erleben sie manchmal aus heiterem Himmel heraus ohne äußeren Anlass. Dann genießen wir das kleine Glück. Doch irgendwann entschwindet es wieder. Das geschieht, weil alles vergänglich ist und deshalb nichts so bleibt, wie es ist. Doch auch wenn sich alles wandelt und ganz egal, was passiert: Sie besitzen immer innere Kraftquellen, Energien, über die Sie jederzeit verfügen können. Kraftquellen sind wandlungsfähig, können sich anpassen. Sobald Sie merken: »Ich hänge fest in meinem Ärger!«, können Sie mit ein bisschen Willenskraft aussteigen aus der inneren Qual: Denken Sie an Ihre Kraftquellen und wählen Sie eine, die Ihnen hilft, aus dem Teufelskreis herauszukommen.

»Die letzte der menschlichen Freiheiten besteht in der Wahl der Einstellung zu den Dingen.«
Viktor Frankl

Heute schimpfen Sie über die Nachbarin, die sich über Sie beschwert hat. Morgen lächeln Sie ihr zu. Diese Frau hat sich innerhalb von 24 Stunden nicht wesentlich verändert. Sie sind es, die anders handelt, indem Sie lächeln, egal was ist. Höchstwahrscheinlich fühlt sich Ihre Nachbarin nicht gut. Denn wenn wir uns beschweren, projizieren wir oftmals unsere Unzufriedenheit auf andere, denen wir die Schuld an unserer eigenen Misere geben. Das ist doch Grund genug, um ihr zuzulächeln, oder? Das Lächeln ist auch ein Angebot an Ihre Nachbarin in dem Sinn: Es gibt noch eine andere Sicht auf die Welt. Sie sind freundlich mit sich und deshalb auch freundlich mit ihr. Freundlichkeit tut in jedem Fall gut. Wenn Sie mit Ihrer Freundlichkeit in Resonanz gehen, nutzen Sie diese als Kraftquelle. Woher kommt die Freundlichkeit? Das Leben hat Ihnen diese Ressource als Geschenk mitgegeben.
Unser Denken, Fühlen, Wahrnehmen ist geprägt von positiven, negativen und neutralen Empfindungen sowie unzähligen Zwischentönen. Was wir empfinden, sind Energien, die fließen. Wir verpassen ihnen das Etikett gut, schlecht oder neutral, weil wir groß geworden sind in der Welt der Gegensätze und daran gewöhnt sind, dualistisch zu denken und zu fühlen. Bei negativen Gefühlen

gilt es, diese nicht zu verstärken oder zu vertiefen. Finden Sie Wege, die Luft rauszulassen und dabei niemandem zu schaden, auch nicht sich selbst. Richten Sie so bald wie möglich die Aufmerksamkeit wieder auf die heilenden Energien, die Ihnen innewohnen.

Manchmal empfinden wir Glück nur für einen kleinen Moment. Binnen einer Sekunde ist es schon wieder zerronnen. Wenn Sie diesen kurzen Augenblick bewusst wahrnehmen, der mit einer positiven Empfindung gekoppelt ist, und der Glücksempfindung erlauben, Raum in Ihnen einzunehmen, steigt automatisch Ihr Wohlbefinden, Ihre Lebensfreude. Sie haben sich mit einer inneren Kraftquelle verbunden, einer Ressource, über die Sie verfügen, seit Sie geboren sind. Das Glück darf sich jetzt ohne äußeren Anlass in Ihnen weiter entfalten, sich ausdehnen. Alles beginnt mit einem Lächeln …

Einzelne innere Kraftquellen haben unterschiedliche »Geschmäcker« und Schwingungen. Wir geben ihnen Namen wie Freundlichkeit, Freude, Liebe, Geduld und mehr. Diese drücken verschiedene Qualitäten von positivem Erleben aus. Gehen Sie mit einer dieser Ressourcen in Resonanz, dann erleben Sie deren Qualität und sie wird zu einem Teil von Ihnen. Sie sind die Freundlichkeit, die Sie ausstrahlen. Diese besondere Erfahrung kann ein Ausgangspunkt, ein Sprungbrett sein für den weiteren Weg in den Raum hinein, in dem Ihr gesamtes Potenzial wohnt.

Jenseits der Phänomene: spirituelle Kraftquellen

Spirituelle Kraftquellen verknüpfen uns direkt mit dem Raum, in dem alles mit allem verbunden ist. Sie sind direkte Ausdrucksformen des Potenzials, das aus einem Feld kommt, das jenseits der Phänomene liegt. Dieses Potenzial ist etwa so wie der Himmel, der hinter den Wolken ist, obwohl wir ihn gerade nicht sehen können. Das unerschöpfliche, reine Potenzial hat viele Namen und doch ist es mehr, als alle diese Namen ausdrücken können: das Göttliche, die Natur des Geistes, das Unverwundbare, der unermessliche Bewusstseinsstrom, die Essenz von allem, die allumfassende Leerheit ... Wir kommen mit ihm zum Beispiel mithilfe der inneren Kraftquellen in Berührung. Sie erlauben uns, diese himmlischen Qualitäten in uns zu fühlen.

Spirituelle Kraftquellen sind Brücken, die direkt in das Feld des unerschöpflichen Potenzials führen, in dem alles mit allem verbunden ist. Sie verkörpern dieses Potenzial an sich und sind Aus-

drucksformen dessen, was ein Mensch als das Heilige erlebt. Für den einen ist das eine Vorstellung oder ein Gebet, ein Weisheitstext, eine Skulptur, ein Symbol. Für andere sind es inspirierende Klänge, rituelle Handlungen, Meditation oder Ähnliches. Heutzutage haben wir ganz persönliche Vorstellungen von spirituellen Kraftquellen, sie müssen keinem religiösen Kontext entstammen. Für meinen Freund Karl zum Beispiel ist es eine alte Eiche, die auf dem Dorfplatz des Ortes steht, in dem er wohnt. Sie verkörpert für ihn die Vollkommenheit der Natur, die er in sich spürt, wenn er sich an diesen würdevollen Baum lehnt oder an ihn denkt.

Spiritualität und Religion gehören heute nicht mehr unmittelbar zusammen. Deshalb können Sie sich die Freiheit nehmen, ein ganz persönliches inneres Bild für vollkommene Geborgenheit, Wahrheit und Liebe in sich zu finden oder zu kreieren, welches Ihr Herz öffnet und Ihnen guttut. Manchmal reicht dazu ein Blick auf Erinnerungen oder ins eigene Unterbewusste. Es lohnt sich, auszuprobieren, welches Objekt oder Symbol für Sie als Ausdrucksform Ihrer spirituellen Kraftquelle infrage kommen könnte … und dann zu experimentieren: Tut mir das gut? Dabei geht es nicht darum, ein besonders spektakuläres Symbol für sich zu entdecken. Es kann die Sonne, eine Blüte, eine Farbe, ein Baum sein. Wichtig ist der individuelle Bezug, den Sie dazu haben. Eine spirituelle Kraftquelle öffnet das Herz für Liebe und Weisheit. Sie nährt das uns innewohnende Potenzial, jenseits von Anhaftung und Abneigung. Wir vertrauen bedingungslos und fühlen uns vollkommen geborgen, wenn wir unsere spirituelle Kraftquelle visualisieren. Sie verkörpert unsere ursprüngliche Vollkommenheit und damit unser eigentliches Wesen.

Jeder Mensch verfügt über eigene Kraftquellen

Seit Jahrtausenden nutzen wir Menschen Kraftquellen, die ganz einfacher, aber auch komplexer Natur sein können. Kraftquellen helfen, wenn wir schlecht gelaunt oder stressgeplagt sind oder keine Energie haben. Wenn wir die Schönheit einer Blüte wahrnehmen, die Inspiration spüren, die diese in uns nährt, dann gehen wir in Resonanz mit der Schönheit in uns, im Denken und Fühlen. Dadurch wird die Blüte zu einer Kraftquelle. Unsere Art und Weise, mit ihr in Beziehung zu gehen, ist es, die uns Schönheit empfinden lässt. Es geschieht in uns, es gehört nicht zur Blüte an sich. An einem Tag, an dem Sie niedergeschlagen sind, gehen Sie vielleicht achtlos an der Blüte vorbei, ohne ihre Schönheit wahrzunehmen. Kraftquellen öffnen das Herz für die Liebe, sie inspirieren uns. Wenn wir uns wohlfühlen, Freude spüren oder Glück, dann erleben wir innere Kraftquellen.

Die Fähigkeit, Kraftquellen im Leben für unsere innere Entwicklung zu nutzen, lässt sich schulen, indem wir damit aufhören, an der Oberfläche dessen zu kleben, was wir sehen. Wir können tiefer blicken und alles, was wir sehen oder was die Natur zu bieten hat, begreifen als Manifestation des Potenzials, das allem zugrunde liegt. Die Blume ebenso wie alle von Menschenhand geschaffenen Dinge oder Gegenstände sind Manifestationen dieses Potenzials, deren Natur es ist, unbeständig zu sein, also zu altern und zu vergehen. Sie lösen sich irgendwann wieder auf, so wie wir Menschen auch, wenn wir sterben. Es wird neue Blumen, Menschen, Dinge geben. Das Potenzial ist unerschöpflich, ebenso wie seine Ausdrucksformen. Es ist nicht gebunden an eine individuelle Form. Gerade deshalb ist ein Symbol, das für mich die universelle Dimension einer Kraftquelle verkörpert, wertvoll. Indem ich an meine spirituelle Kraftquelle denke, beispielsweise den Buddha aus Stein, wecke ich die Freude an seiner Schönheit in mir, komme dadurch weg von meiner depressiven Anwandlung und fühle das unermessliche Potenzial, das er für mich verkörpert und das auch in mir ist. Das funktioniert auch, wenn ich mir den Buddha nur in Gedanken vorstelle, ihn visualisiere.

Äußeren, inneren und spirituellen Kraftquellen gemeinsam ist, dass sie uns Türen öffnen können in den universellen Bewusstseinsstrom, der auch durch uns hindurchfließt. So gesehen sind sie geschickte Mittel, eine Art Werkzeug. Sie öffnen unser Herz und verankern uns in der Liebe. Sind wir dann im Verbundensein angekommen, benötigen wir die inneren Bilder oder äußeren Ressourcen, die uns dorthin geführt haben, nicht mehr. Wir lösen die Vorstellungen und inneren Bilder auf und ruhen in dem Raum von Liebe oder Weite, in den uns die jeweilige Quelle hineingeführt hat.
Es lohnt sich, mit Kraftquellen zu experimentieren, zu jonglieren, zu spielen, auszuprobieren, was wann und wie für uns passt. Schon kleine Schritte zeigen große Wirkung. Das Ganze ist ein Erfahrungsweg.

2

Kraftquellen und eine Krise: Wie geht das zusammen?

Wir alle kennen Situationen oder Lebensphasen, in denen wir das Gefühl haben, festzustecken, nichts tun zu können, um unsere Lage zu verändern. Wir befürchten, möglicherweise alles zu verlieren – sogar unser Leben. Auch wenn Sie jetzt vielleicht auf Anhieb denken: »Was sollen mir da noch irgendwelche Kraftquellen nutzen, wenn doch alles zusammenbricht?« Kraftquellen können selbst in der verzweifeltsten Lage einen Unterschied machen.

Wenn es keinen Ausweg mehr gibt

Die US-Amerikanerin und buddhistische Nonne Pema Chödrön, eine bekannte und populäre Lehrerin des tibetischen Buddhismus im Westen, erzählt folgende Geschichte von einer Frau, die von Tigern gejagt wird:

»Sie rennt und rennt, und die Tiger rücken immer näher. Am Rande einer Klippe angekommen, sieht sie dort ein paar Schlingpflanzen, und so klettert sie hinunter und hält sich an den Schlingpflanzen fest. Beim Hinunterschauen sieht sie, dass die Tiger auch unter ihr sind. Dann stellt sie fest, dass eine Maus an der Schlingpflanze nagt, an der sie sich festhält. Gleichzeitig sieht sie aber auch eine wunderschöne kleine Erdbeere, die ganz in der Nähe an einem Büschel Gras wächst. Sie schaut hinauf. Sie schaut hinunter. Sie schaut auf die Maus. Dann nimmt sie einfach die Erdbeere, steckt sie in den Mund und genießt sie voll und ganz.«

(Aus: Pema Chödrön, *Liebende Zuwendung, Freude im Herzen*, S. 39)

Was danach geschieht? Die Kraft der Frau lässt nach, der Stiel der Schlingpflanze reißt und die Frau verliert ihre letzte Zuflucht. Sie stürzt in die Tiefe, dorthin wo die Tiger sind, die schon auf ihre Beute warten. Sie wird vermutlich von den Tigern überwältigt werden – aber im Moment mit der Erdbeere ist sie lebendig. Kennen Sie die Erfahrung, von Tigern gejagt zu werden und es gibt kein Entrinnen? Das geschieht nicht nur in unseren Albträumen, sondern immer wieder auch im Alltag. Wie oft packt uns Furcht bis hin zu Panik-

attacken, in denen wir Todesangst empfinden, oder das Gefühl totaler Überforderung, die Angst davor, Erwartungen, Ansprüche, Leistungsanforderungen nicht erfüllen zu können oder von Menschen abgelehnt zu werden, deren Anerkennung wir uns wünschen.
Diese Angsttiger sind Monster, die uns völlig besetzen und unsere Wahrnehmung von dem, was gerade ist, blockieren: Sie sitzen am Schreibtisch. Sie gehen durch die Stadt. Die Sonne scheint, ein Kind lächelt Ihnen zu. Aber Sie nehmen nur die Tiger wahr und nichts von dem, was gerade um Sie herum geschieht.

Eine Bekannte schilderte mir einmal, dass sie oft, wenn sie Freunde treffen wollte (zu einer Verabredung oder einer Feier), in letzter Minute entschied, doch nicht dorthin zu gehen, weil sie das Gefühl hatte, alle Blicke würden sich auf sie richten, sowie sie das Haus verließ. Sie dachte, die Menschen würden sich von ihr gestört fühlen, weil sie nichts wert sei. Die unerträgliche Vorstellung davon, abgewertet zu werden, nicht gewollt zu sein, überwältigte sie. In einer schwierigen Lebensphase verließ sie gar nicht mehr das Haus. Weil sie sich schämte, Einladungen abzusagen, ging sie auch nicht mehr ans Telefon. Sie igelte sich ein und versank schließlich in einer tiefen Depression. Alle Gedanken kreisten um das Thema: Keiner will mich haben. Das Gegenteil war der Fall. Ihre Freunde wunderten sich, warum sie nicht zu erreichen war. Sie machten sich Sorgen und vermissten sie.

Ängste – die Tiger in unserem Inneren

Waren es in der Steinzeit wilde Tiere wie Tiger, vor denen die Menschen sich schützen mussten, oder konkurrierende Clans, die eine ständige Gefahr für Leib und Leben darstellten, so erleben wir heute Bedrohungen in den wohlhabenden und friedlichen Zonen der westlichen postmodernen Gesellschaft anders: Die Tiger sind in uns. Sie stehen für unsere Ängste, düstere Gedanken, für unser Getriebensein, unser inneres Erleben, wenn wir negative Überzeugungen haben wie zum Beispiel: Keiner will mich. Oft tut sich, wenn wir uns einmal in Ruhe niederlassen wollen, sofort ein innerer Abgrund auf. Oder wir fühlen uns gehetzt vom Stress und kommen gar nicht in Erlebniszonen, in denen wir uns wohlfühlen. Denn die nächste Anforderung ist schon in Sichtweite. Das frisst uns von innen her auf, zerstört unsere Lebensfreude, okkupiert unsere Gedanken. Wir sehen die Erd-

beere nicht. Und wenn wir sie sehen, denken wir nicht daran, sie zu ergreifen und zu genießen.
Die Frau in der Tiger-Geschichte befindet sich in einer solchen ausweglosen Situation. Sie sagt sich nicht: Das schaffe ich nicht. Sie steigert sich nicht in das größte Monster aller Zeiten, nämlich die Todesangst, hinein, obwohl es triftige Gründe dafür gibt. Das ist nicht ihr Thema. Sie ergreift die Initiative, indem sie die Aufmerksamkeit auf die Beere richtet und nicht auf die Tiger. Sie starrt nicht wie das Kaninchen auf die Schlange. Mitten in der Gefahr genießt die Frau die Erdbeere, erlebt einen Moment der Freude. Sie erstarrt nicht, sondern ist ganz lebendig. Im Felsen hängend, genießt sie diesen glücklichen Augenblick. Den Tigern über und unter ihr verweigert sie für einen Moment die Aufmerksamkeit, obwohl ihre Lage lebensbedrohlich ist. Das alles geschieht, bevor der Sturz in die Tiefe erfolgt. Für mich hat das etwas mit Lebenskunst zu tun. Doch was genau ist daran die Lebenskunst?

Lebenskunst: Die Angst in Mut verwandeln

Viktor Frankl (1905–1997), ein österreichischer Neurologe und Psychiater sowie Begründer der

Logotherapie und der Existenzanalyse, der Auschwitz überlebt hat, sagte sinngemäß, dass nur der Mut zu sich selbst den Menschen seine Angst überwinden lässt. Dieser Mut gehört zur Lebenskunst. Er dient der Selbstentfaltung.

Wie verwandelt die Frau in der Geschichte ihre Angst in Mut? Sie besitzt die Fähigkeit, das Denken selbst in einer Gefahrensituation dorthin zu richten, wo sie Wohlbefinden erfahren kann. Zunächst war sie vor den Tigern davongerannt – eine natürliche Reaktion bei Angst. Auf einer solchen Flucht wird unser Körper mit den Stresshormonen (Adrenalin und Kortisol) überschwemmt, unsere Kräfte wachsen ins Unermessliche. Der Körper hat auf den Überlebensmodus umgeschaltet. Nach einer kurzen Schockphase entscheidet er sich für Kampf oder Flucht. Unter diesem starken Stress entwickeln wir Bärenkräfte. Dann lässt die Anspannung nach, aber die Stresshormone werden weiterhin ausgeschüttet. Wir passen uns an die neue Situation an. Irgendwie hoffen wir, sie zu bewältigen. Die Frau sieht die Schlingpflanze. Ihre Hoffnungen zerschlagen sich, als sie sieht, wie die Maus an der Pflanze nagt und Tiger über und unter ihr patrouillieren. Die Realität ist: Es gibt keinen Ausweg mehr. Nun droht Erschöpfung. Entweder die angstmachende Situation wird gelöst oder es folgt die Kapitulation. In dieser Lage stellt die Frau den Hebel im Kopf um, weg von der Angst hin zur Wahrnehmung der Schönheit des gegenwärtigen Moments. Das ist außerordentlich mutig. Sie steht zu ihrer positiven Kraft. Sie vertraut sich ohne äußeren Grund dem Augenblick an, einfach so.

Die furchtlose Kraft in uns

Wo sitzt diese Kraft, die ohne Angst ist? In den Muskeln, im Atem, in den Organen, im Hirn? Ist es die heilende Kraft des Geistes? Es ist eine feinstoffliche Energie, die nicht greifbar ist. Aber wir können sie in uns fühlen – überall. Sie ermöglicht es, den gegenwärtigen Moment wertzuschätzen, den Moment mit der Erdbeere, um bei unserem Beispiel zu bleiben. Die Ausrichtung des Bewusstseins sowie die damit verbundene Veränderung der Sichtweise auf das Leben sind von der Frau selbst gewählt. Sie hat eine Wandlung in ihrem Geist vollzogen, indem sie die Blickrichtung gewechselt hat, weg von der Angst, hin zur Freude, hin zum Genuss der roten Erdbeere. Ihr Handeln ist mutig und unglaublich pragmatisch. Sie kann den Absturz nicht mehr verhindern und das, was folgen wird, ist ihre Vernichtung. Also warum sich hineinsteigern in die Todesangst? Die Frau hat damit ihre innere Haltung verändert. Wenn das geschieht, wandeln sich Empfindungen und Wahrnehmungen. Wir sehen und erleben die Welt anders. Statt Angst fühlen wir dann vielleicht Vertrauen, Freude, Frieden, Gelassenheit, erleben Augenblicke des Wohlbefindens. Das ist es, worum es im Leben und im Sterben geht. Den Ausgangspunkt für die Fähigkeit, eine schwierige Situation überhaupt zu durchschauen, bildet eine Portion Gelassenheit. Erst dann kann eine Entscheidung gefällt werden, die unserer Aufmerksamkeit eine andere Richtung gibt (zum Beispiel auf die Erdbeere). So verändern sich das Denken, die Wahrnehmung der Umgebung, das Fühlen. Ist das nicht wunderbar? Wir verfügen über die Fähigkeit, in jeder Situation bewusst unseren Blickwinkel auf die Dinge zu wählen, ihn zu verändern.

Wir sind nicht hilflos dem Angstprogramm ausgeliefert. Es gibt auch in der größten Angst immer einen Funken von Entscheidungsfreiheit. Das unterscheidet uns von anderen Lebewesen, die nicht so einfach über ihren Schatten springen können. Wir können diese wunderbare Fähigkeit des Bewusstseins nutzen für die Entfaltung inneren Friedens und für unser Wohlbefinden sowie für das Wohlergehen unserer Mitmenschen und des Planeten, auf dem wir leben.

Jetzt könnte man fragen: Was hat die Frau von der Erdbeere, wenn sie im nächsten Moment sowieso auf grausame Weise stirbt, weil ihr Körper von Felsen zerschmettert und von Tigern gefressen werden wird? Das bringt doch nichts mehr, das Getue um die eine Beere. Doch was geschieht, wenn das nicht so ist, wenn der Tod nicht das Ende ist, sondern ein Wandel oder ein Übergang? Gerade dann zählt es, dass der Körper sich im letzten Moment entspannt und Geist und Seele friedvoll gestimmt sind, wenn sie sich von der Materie trennen. Weiter gedacht: Die Erdbeere zu genießen ist die beste Vorbereitung auf das vorhersehbare Ende. Der Geist bekommt schon Flügel, bevor er sich vom Körper gelöst hat. Die tragfähigsten Flügel haben wir, indem wir annehmen, was ist, von Moment zu Moment leben. So einfach … so schwer. Das Leichteste ist oft das Schwerste …

Mut zum Wandel

Für alltägliche Krisensituationen gilt Ähnliches. Je weniger wir unsere inneren Dämonen oder Schatten festhalten, umso heiler werden wir. Wenn wir uns in ein Problem hineinsteigern, wird es größer und uns geht es schlechter. Wenn wir davon Abstand nehmen, fühlen wir uns besser und gewinnen inneren Raum. Neue Perspektiven werden möglich. Wir laden das Leben ein und fließen mit ihm, ergreifen die Initiative für eine Veränderung der Situation. Das braucht Mut. Mut, mit dem zu gehen, was gerade ist. Das einzig Beständige ist der Wandel. Kein Moment gleicht dem anderen. Jeder Augenblick ist einmalig. Er lädt uns ein, ihn anzunehmen – ohne Vorbehalte und negative Bewertungen.

»Wenn man alles, was einem begegnet,
als Möglichkeit zu innerem Wachstum ansieht,
gewinnt man innere Stärke.«

Milarepa, tibetischer Meditationsmeister (1040–1123)

Wir haben immer die Wahl, aus welcher Perspektive wir etwas betrachten. Alles Negative hat auch etwas Positives – und darauf schaue ich, wenn es irgendwie geht. Jeder Mensch kann sich, solange er geistig gesund ist, entscheiden, welche innere Haltung oder Einstellung er zu einem Sachverhalt, einer Erfahrung einnehmen möchte. Sicher, es gibt Einschränkungen, wenn wir körperlich oder psychisch krank sind, dement sind, im Koma liegen oder aus anderen gesundheitlichen Gründen kaum noch am Leben teilnehmen können. Ist unser Denken klar, können wir jederzeit wählen, wie wir entscheiden und handeln wollen. Es ist der Blickwinkel, den wir wählen, unsere Sicht auf die Dinge, ob das Glas halb leer oder halb voll ist.

Leben im Augenblick

Es ist modern geworden, den Wert des Augenblicks zu betonen. Das ist und bleibt oft genug nichts als eine Absichtserklärung. Die meisten von uns leben überwiegend in der Vergangenheit, indem Sie über vergangene Handlungen nachdenken, sich erinnern und Verlorengegangenes wieder zurückhaben wollen. Und wenn wir gerade nicht der Vergangenheit huldigen, bevorzugen wir Vorstellungen über die Zukunft. Wir machen Pläne, wohin wir demnächst reisen wollen, was wir morgen erledigen werden, welche Ziele wir anpeilen, legen Terminkalender an, takten uns in wohlüberlegte und genau konstruierte Abläufe ein … und mehr.
Stellen Sie sich vor, Sie sitzen in einem spannenden Vortrag und denken an das Abendessen. Entgeht Ihnen da nicht etwas? Zwischen Vergangenheit und Zukunft pendelnd, entgleitet uns oftmals das

Leben. Spätestens wenn wir von Tigern gejagt über dem Abgrund schweben, ist damit Schluss, oder? Die Frau in unserer Geschichte ist jedenfalls damit beschäftigt, den Moment vor dem Absturz zu genießen. Sie denkt nicht an das, was kommt. Nur der Augenblick zählt.

Meist stehen uns Glaubenssätze oder Gewohnheiten im Weg, wenn es darum geht, anzunehmen, was gerade ist. Haben Sie schon einmal daran gedacht, sich die Frage zu stellen, was Sie davon haben, wenn Sie sich in ein Problem hineinsteigern? Wird es dadurch aufhören, ein Problem zu sein?

Beobachten Sie sich einmal selbst, wenn dieser Kreislauf beginnt. Die Problemgedanken sagen: »Es hat alles keinen Sinn. Nichts lohnt sich. Ich bin nichts wert. Keiner mag mich. Nichts wird sich ändern. Ich schaffe das nicht. Es ist mir alles zu viel.«

Jeder von uns hat eine besondere Beziehung zu einem oder mehreren negativen Glaubenssätzen, die die Luft zum Atmen rauben. Wie lautet Ihr einengender Glaubenssatz? Es kann hilfreich sein, das herauszufinden. Dazu im Folgenden einige Anregungen:

REFLEXION

Meine persönlichen Glaubenssätze

1. Nehmen Sie sich ein wenig Zeit zum Nachdenken über einen oder mehrere Glaubenssätze, die Sie als einengend empfinden. Notieren Sie diese Glaubenssätze auf ein Blatt Papier, das Sie in zwei Spalten aufteilen. In der linken Spalte steht Ihr einengender Glaubenssatz und in der rechten Spalte die Umkehrung davon, etwa so:

Ich bin nichts wert.	Ich bin wertvoll.
Keiner mag mich.	Ich werde gemocht/geliebt.

2. Lesen Sie zunächst jeweils beide Sätze laut vor. Hören Sie sich zu. Wie klingt das, was Sie aussprechen? Was empfinden Sie dabei?
3. Jetzt wählen Sie ein schönes Blatt Papier, vielleicht eine farbige Kartei- oder Briefkarte. Notieren Sie darauf die positiven Sätze.
4. Legen Sie diese deutlich sichtbar an einen Ort, auf den Sie öfter blicken.
5. Sie können die Karte auch unterwegs mitnehmen und auf der Fahrt im Bus oder in der Bahn herausholen und öfter lesen.

6. Sprechen Sie die positiven Sätze jeden Tag einige Male laut aus.
7. Die positiven Sätze sind Kraftquellen. Sie helfen Ihnen, im Augenblick zu leben. Selbstwertschätzung und der Glaube an die eigenen Fähigkeiten werden gestärkt. So wächst der Mut, zu sich zu stehen – und damit die Lebensfreude.

3

Kraftquellen erschließen

Nahezu alles, was uns im Leben begegnet, kann zur Kraftquelle werden. Entscheidend ist, dass Sie sich für eine Quelle entscheiden und dann eine passende Methode wählen, um das Potenzial zu erschließen, mit dem die Kraftquelle Sie verbindet. Das geschieht immer im Hier und Jetzt. Es gibt eine Vielfalt von Möglichkeiten, mit Kraftquellen zu experimentieren. Einige Anregungen dazu finden Sie in diesem Kapitel.

»Atmen, du unsichtbares Gedicht!
Immerfort um das eigene Sein
rein eingetauschter Weltraum.
Gegengewicht,
in dem ich mich rhythmisch ereigne.«

Rainer Maria Rilke

Der Atem – eine besondere Kraftquelle

Es gibt zahlreiche Möglichkeiten, die Aufmerksamkeit ins Hier und Jetzt zu holen, zum Beispiel indem wir uns auf das konzentrieren, was gerade ansteht, und den Impulsen nach Zerstreuung so wenig wie möglich nachgeben. Immer hilfreich und unterstützend ist hierbei der Atem, ohne den wir nicht überleben können. Er ist da, solange es uns gibt, und wir können ihn vielfältig nutzen, auch als wertvolle Kraftquelle. In alten und neuen Weisheits- und Gesundheitslehren spielt der Atem eine große Rolle. Im Yoga beispielsweise gibt es das Pranayama. Der Begriff ist aus dem Sanskrit und bedeutet in etwa »den Atem zügeln« (*prana* = Lebensenergie; *ayama* = kontrollieren, erweitern). Dabei handelt es sich um eine höchst komplexe Lehre zur Steuerung und Nutzung des Atems. Im Westen kennen wir die Atemtherapie. Auch in vielen Körpertherapien spielt der Atem eine wichtige Rolle. Mithilfe des Atems können wir spüren, ob eine Situation für uns anstrengend ist, ob es uns gerade gut geht, ob wir konzentriert sind, ob wir angespannt oder entspannt sind. Es liegt nahe, auch spirituelle Methoden am Atem anzuknüpfen und ihn zu nutzen, um darüber hinauszugehen und geistige Fähigkeiten zu kultivieren.

Atembeobachtung als meditative Übung

Den Atem haben wir immer bei uns. Er ist ein gutes und zu jeder Zeit zur Verfügung stehendes Mittel, um unsere Tendenz, in der Vergangenheit zu leben oder die Zukunft vorwegzunehmen, auszubremsen. Das gelingt, indem Sie sich nicht auf das Gedankengeschnatter in Ihrem Kopf konzentrieren, sondern Ihre Aufmerksamkeit auf den Fluss des Atems richten: Sie spüren, wie beim Einatmen die Luft kühl durch die Nase einströmt und beim Ausatmen die warme, verbrauchte Luft wieder herausfließt. Was auch kommen mag: die Katze, die auf den Schoß will, das Telefon, das klingelt … Sie bleiben im Kontakt mit dem Atem, so lange Sie es wollen. Auf diese Weise kommt das Gedankenkarussell im Kopf zur Ruhe. So eine Atemübung lässt sich gut in einzelnen, kürzeren oder längeren Meditationssitzungen machen, aber auch am Schreibtisch in einer Verschnaufpause.

Wer häufiger Atemmeditation übt, kann den Atem als Barometer für die eigene innere Befindlichkeit entdecken. So können Sie rechtzeitig gegensteuern, wenn sich beispielsweise eine Migräne abzeichnet oder deutlich wird, dass Sie eine Pause brauchen. Folge ich den Einsichten, die ich dabei gewinne, dann kann ich mit mir und meinen Kräften achtsamer umgehen.

Die Entspannung, die im Körper bei der meditativen Betrachtung des Atems entsteht, ist heute messbar. So haben wissenschaftliche Studien gezeigt, dass sie positive Auswirkungen hat auf das Nervensystem, Herz, Kreislauf, Muskulatur und mehr. Im Folgenden finden Sie eine alltagstaugliche Anleitung zur Atembetrachtung.

ÜBUNG

Atemmeditation

1. Setzen Sie sich auf einen bequemen Stuhl oder auf ein Meditationskissen. Es ist wichtig, eine bequeme und gleichzeitig aufrechte Körperhaltung einzunehmen. Achten Sie darauf, ungestört zu sein. Schließen Sie die Augen.
2. Jetzt tun Sie nichts anderes, als den Atem zu spüren. Nehmen Sie wahr, wie der Atem kommt, wie er kühl durch die Nasenlöcher in Sie hineinströmt und die verbrauchte Luft wieder aus Ihnen herausfließt. Lassen Sie Ihren Atem fließen, wie er kommt. Verändern Sie nichts.

3. Konzentrieren Sie sich sanft auf die Atemwelle, die durch Ihren Körper geht. Bleiben Sie entspannt und doch konzentriert. Wenn zwischendurch Gedanken aufkommen, lassen Sie sie vorbeiziehen, ohne sich auf sie einzulassen, und kehren Sie wieder zur Atembeobachtung zurück.
4. Irgendwann spüren Sie möglicherweise, dass Sie eins mit dem Atem werden. Sie erleben sich nicht mehr getrennt vom Atem. Die Gedanken werden still, innere Unruhe verflüchtigt sich wie von selbst. Sie können nun die Beobachterrolle loslassen. Bleiben Sie noch einen Moment still sitzen, ohne etwas zu tun.
5. Lockern Sie Ihre Haltung. Öffnen Sie die Augen. Spüren Sie den Kontakt zum Boden. Lassen Sie sich Zeit zum Ankommen im Raum.

Atemmeditation und Achtsamkeit

Zur Atemmeditation gehört Achtsamkeit. Achtsamkeit ist anders als die alltägliche Wahrnehmung. Wer achtsam ist, entscheidet bewusst, worauf er seine Aufmerksamkeit richtet. Sie können Ihre Aufmerksamkeit auf jedes innere oder äußere Phänomen lenken und so lange verweilen, wie Sie es wünschen. Dabei halten Sie eine Distanz zu dem, was Sie betrachten. Sie nehmen also die Haltung eines Beobachters/einer Beobachterin ein. Bleiben Sie möglichst neutral, egal, was passiert. Der Abstand zu dem, was Sie betrachten, ist auch ein Abstand zu den Empfindungen, die bei der Betrachtung ausgelöst werden, und zu gewohnheitsmäßigen Reaktionen. Damit vermeiden Sie bewusst, innerhalb verinnerlichter Muster zu reagieren oder sich mit etwas zu identifizieren. Nehmen Sie alles so, wie es kommt. Gewohnheitsmäßigen Tendenzen, alles zu beurteilen oder zu bewerten, wirken Sie entgegen, indem Sie die Fäden nicht weiter spinnen, sondern alles in den weiten Raum entlassen. Gedanken, Gefühle und Wahrnehmungen dürfen kommen und gehen. Sie haften nicht an ihnen, greifen nicht danach.

ÜBUNG

Erweiterte Atembetrachtung

1. Setzen Sie sich wieder aufrecht, aber bequem auf einen Stuhl oder ein Meditationskissen. Sorgen Sie dafür, dass Sie nicht gestört werden.
2. Schließen Sie die Augen und beginnen Sie damit, Ihren Atem zu beobachten. Stellen Sie sich dabei vor, dass der Einatem in den Körper strömt und Sie bis in die Zellen hinein mit Lebenskraft erfüllt. Der Ausatem sorgt dafür, dass Ihr Körper sich reinigt und entlastet, indem die verbrauchte Luft aus Ihnen herausströmt.

Betrachten Sie den Atemfluss, ohne etwas daran zu verändern.

3. Nach einer Weile werden Sie merken, dass Sie ganz und gar in der Atembetrachtung aufgehen. Jetzt lassen Sie die Beobachterrolle los. Sie tun nichts und lassen den Atem einfach geschehen. Sollten irgendwelche Gedanken, Gefühle, Wahrnehmungen auftauchen, folgen Sie ihnen nicht, sondern kehren immer wieder sanft zu Ihrem Atem zurück.
4. Möglich wird jetzt das Erleben von Verbundensein. Das ist ein heilsamer Prozess, der Körper, Geist und Seele erfasst. Er ist schlicht und ganzheitlich.
5. Nach einer Weile lockern Sie Ihre Haltung und öffnen die Augen. Spüren Sie den Kontakt zum Boden und kommen Sie langsam wieder in den Alltag zurück.

Miteinander atmen verbindet

Im Zusammensein mit anderen Menschen können wir Verbundensein erleben, indem wir miteinander atmen. Stellen Sie sich vor, Sie besuchen eine Person, die vielleicht krank ist, die Sie irgendwie nicht verstehen in der Art und Weise, wie sie mit sich umgeht. Wenn Sie für ein paar Augenblicke im gleichen Atemrhythmus mit diesem Menschen atmen und dabei die Achtsamkeit auf Ihr inneres Erleben richten, können Sie spüren, wie sich diese Person fühlt. Sie entwickeln ein Verständnis für

diesen Menschen – und das verändert die Kommunikation miteinander.
Es ist sinnvoll, nur für kurze Zeit, maximal ein paar Minuten, den Atemrhythmus eines anderen Menschen zu übernehmen. Danach sollten Sie sich einige Minuten Zeit nehmen, um nachzuspüren und innerlich auszuwerten, was Sie erlebt haben.

Äußere Kraftquellen

Zu den äußeren Kraftquellen gehört alles Materielle, Greifbare, alles, was Sie mit Ihren Sinnen erfassen und als stärkend und positiv erleben. Es ist wichtig, dass Ihre Kraftquellen Ihnen Energie spenden, Sie nähren, sonst können Sie nicht aus ihnen schöpfen. Äußere Kraftquellen können Gegenstände sein, Pflanzen und Tiere, Begegnungen. Es kann aber auch ein Ort sein, der Ihnen Energie gibt, ein Freund, ein Musikerlebnis, ein Ausstellungsbesuch, Spiele, Freunde, die Familie, Bewegung wie Sport oder Yoga, eine Tasse Tee in Ihrem Lieblingsbistro, ein gutes Essen, ein Spaziergang. Aktivitäten, die Sie aufbauen, gehören ebenso dazu wie Erlebnisse und Dinge, die Sie erfreuen.
Äußere Kraftquellen nehmen wir mit den Sinnen wahr, also mithilfe von Sehen, Hören, Riechen,

Schmecken, Tasten. Wobei unterschiedliche Menschen unterschiedliche Sinnesobjekte als positiv empfinden. Sie können so viele verschiedene Sinnesobjekte, wie Sie mögen, als Kraftquellen nutzen. Sie sollten nur wissen, was Ihnen gerade jetzt guttut und was machbar ist. Am besten ist, möglichst spontan aus der Situation heraus zu entscheiden, was Sie brauchen: beispielsweise, ob Sie mit dem Hund Gassi gehen oder lieber eine schöne CD hören wollen, mit der Sie wieder Ihre innere Balance finden.

Zunächst dienen die äußeren Kraftquellen dazu, uns aus einer Anspannung, aus Stress oder einer negativen Stimmung herauszuholen. Dazu müssen wir uns vielleicht in einen anderen Kontext, an einen anderen Ort begeben, etwas tun. Äußere Kraftquellen bereiten den Boden vor für etwas Neues, nämlich das Wohlbefinden, in das wir kommen wollen.

Sinnesgenüsse, die entspannend wirken, bringen Wohlbefinden und gute Laune. Erleben Sie Sinneserfahrungen als Herzöffner oder einfach als ein Geschenk. Vielleicht verändert das Ihre Stimmung oder sogar Ihre Lebenseinstellung. Das geschieht innerlich und zeigt sich daran, dass Sie wieder Freude an den Dingen, den Menschen, der Welt haben.

Ich empfehle Ihnen, eine Liste Ihrer äußeren Kraftquellen zu machen. So können Sie immer wieder einen Blick auf den kleinen Schatz werfen, zu dem Sie jederzeit Zugang haben, denn meist vergessen wir in Krisen, welche Ressourcen uns zur Verfügung stehen. Darum heißt es hier: In die Augen, in den Sinn!

KRAFTQUELLEN IN DER NATUR

Die Natur in all ihrer Vielfalt und Schönheit offeriert uns einen breiten Fächer an Angeboten zum Regenerieren und Auftanken. Denken Sie einmal darüber nach, was Ihnen in der Natur Kraft gibt … Gehen Sie öfter einmal mit dieser Vorstellung durch den Wald oder den Park. Finden Sie heraus, welche Orte Sie anziehen. Besuchen Sie den einen oder anderen Ort, wenn Sie auftanken wollen. Verweilen Sie dort und finden Sie heraus, was Ihnen Kraft gibt. Da kann es aufschlussreiche Erkenntnisse geben.

Vielleicht finden Sie einen Erholungsplatz in Ihrer Nähe, zu dem Sie öfter gehen können, mit Blick aufs Wasser, eine Bank unter einem alten Baum, den Rosengarten im Park … Probieren Sie aus, was Ihnen guttut, und gehen Sie nicht nur dorthin, wenn es Ihnen schlecht geht.

Innere Kraftquellen

Äußere Kraftquellen schieben einen inneren Prozess an, der uns hilft, Freude zu empfinden, Ausgeglichenheit zu erleben und wieder ein weites Herz zu haben. Voraussetzung ist, dass wir diese Ressourcen für unser Wohlbefinden und die innere Balance nutzen. Wie mache ich das am besten? Es ist ganz einfach. Sie sitzen auf der Bank unter Ihrem Lieblingsbaum. Dort entspannen Sie sich beim Blick in die Landschaft. Wenn Wohlbefinden eintritt, geben Sie ihm einen Namen wie Zufriedenheit, Geduld, Freude. Sie spüren, wo Sie die Zufriedenheit empfinden. Gibt es einen bestimmten Bereich im Körper? Von dort aus strahlt die Zufriedenheit in alle anderen Körperteile bis in die Zellen hinein. Die Zufriedenheit oder das gute Gefühl, das Sie haben, fließt in Ihr Herz, füllt es an, zirkuliert im Kreislauf und in all den feinstofflichen Kanälen in Ihnen. Sie haben den Wandel vollzogen, sich von der äußeren Kraftquelle gelöst und sich mit der Zufriedenheit verbunden, die Sie in sich tragen. Nun können Sie diese Kraft auch an andere Menschen weitergeben, vielleicht indem Sie diese in Ihrer Umgebung ausstrahlen oder auch indem Sie etwas Bestimmtes tun.

Für positives Handeln benötigen wir Einsicht – beispielsweise indem wir uns daran erinnern, dass wir uns selbst etwas Gutes tun können. So kommen wir in die Wahrnehmung von Fülle statt von Mangel. Deshalb: Vergegenwärtigen Sie sich in einer ruhigen Minute, am besten jetzt gleich, was Ihnen guttut. Dazu dient die folgende kleine Übung.

ÜBUNG

Gönn dir was

1. Nehmen Sie sich 10 Minuten Zeit, in denen Sie ungestört sind, und notieren Sie in Ihr Tagebuch oder in den Computer oder auf ein schönes Blatt Papier all die kleinen (auch die klitzekleinsten) und die großen Dinge, die Ihnen guttun. Gewöhnen Sie sich an, immer mal wieder in diese Notizen zu schauen und sie bei Bedarf zu verändern oder zu ergänzen.
2. Schreiben Sie die wichtigsten Dinge, die Ihnen guttun, auf einen farbigen Karton und heften oder legen Sie das Blatt an eine Stelle, die Sie häufig im Blick haben.
3. Entscheiden Sie sich jeden Tag für ein kleines »Gönn dir was« aus der Liste – und wenn es nur ein paar Minuten dauert. Sie werden feststellen: Es verändert sich etwas in Ihnen. Ihre Haltung, Ihre Einstellung zum Leben wird optimistischer und die Freude – eine unserer größten inneren Ressourcen – bekommt mehr Raum.

4. Ein Beispiel: Gesetzt den Fall, ein Gespräch mit einer lieben Freundin hebt Ihre Stimmung: Richten Sie die Aufmerksamkeit auf dieses gute Gefühl, das Sie haben. Erforschen Sie es. Geben Sie ihm einen Namen: etwa Freude.
5. Finden Sie eine innere Vorstellung, eine Visualisierung, mit der die Freude in alle Zellen Ihres Körpers fließen kann. Etwa: Ich atme dieses Gefühl tief ein und verteile es in meinem Körper bis in die einzelnen Zellen hinein. Alles Belastende atme ich aus. Bleiben Sie eine Weile dabei.
6. Am Ende nehmen Sie das Glücksgefühl mit in Ihren Alltag. Es wird aus Ihnen strahlen. Das kann ansteckend sein. Auf diese Weise haben Sie eine äußere Kraftquelle als innere Ressource genutzt.

In Resonanz gehen

Das Experimentieren mit der Transformation von äußeren Kraftquellen in innere ist jederzeit möglich, es macht sogar Spaß. Schon das Lächeln eines Kindes kann der Funken sein, der überspringt und Sie aus trübsinnigen Gedanken reißt. Was Sie dazu brauchen, ist Achtsamkeit, das heißt die Fähigkeit wahrzunehmen: Das Lächeln dieses Kindes gilt mir und es löst in mir etwas aus, etwa: Mein Herz fühlt sich warm an. Manch einer würde sagen, da sind die Spiegelneuronen am Werk. Sie sind die Basis für intuitives zwischenmenschliches Verstehen. Vereinfacht gesagt: Mit ihrer Hilfe überträgt das lächelnde Kind seine Freude auf Sie. Wenn Sie Ihre Achtsamkeit auf diese Erfahrung richten, können Sie deren Ausstrahlung tief in sich spüren und sie in alle Ihre Zellen hinein strahlen lassen. Das Verteilen der warmen Energie im Körper fühlt sich nicht nur gut an, zugleich entwickelt sich die heilende Kraft des Geistes auf vielfältige Weise. Es ist nicht nur *ein* positives Gefühl, wie zum Beispiel Zufriedenheit, mit dem Sie Ihre Batterien aufladen können. Das nächste Mal ist es vielleicht Mitgefühl oder Vertrauen. Wenn Sie das regelmäßig praktizieren, entwickeln Sie im Laufe der Zeit eine positive Einstellung zum Leben und auch ein wenig Abenteuerlust, denn es gibt immer Neues zu entdecken und viel Raum zum Über-sich-selbst-Hinauswachsen beim Experimentieren. Dazu brauchen Sie weniger Zeit als Spaß an der Übung. *Halten Sie Ausschau nach inspirierenden Erfahrungen. Mein Rat: Machen Sie eine Gewohnheit daraus. Endlich mal eine gute Gewohnheit, schlechte haben wir in der Regel genug. Die Arbeit mit Kraftquellen ist eine Methode, in der es keine Routine gibt. Das Erleben ist unermesslich vielfältig. Und auch wenn Sie schon Optimist/in sind: Seien Sie sicher, es gibt noch eine Steigerung.*

Die Achtsamkeit auf die beglückenden Momente im Leben zu richten und aus ihnen bewusst Energie zu gewinnen, ist für die meisten von uns nicht selbstverständlich. In der Regel denken wir: Wenn es mir schlecht geht und ich zu bin, bin ich zu, dann kriege ich auch nichts Aufbauendes um mich herum mit. Dabei sollten wir uns im Klaren darüber sein: Auch wenn ich mich gerade nicht öffnen kann oder will, Schönheit und Freude sind trotzdem da. Ich wende mich ihnen nur nicht zu, ich wähle sie nicht aus. Das kann ja durchaus mal sein, sollte aber nicht zum Dauerzustand werden. Ein trotziges oder deprimiertes »Dann bin ich eben zu und so ist das eben und so bleibt das jetzt!« kann sich zu einer unnötigen selbsterfüllenden Prophezeiung auswachsen. Ein Abo auf schlechte Laune, sozusagen. Über diese Schwelle gilt es hinüberzukommen. Und wie? Indem ich mir etwas Inspirierendes aus meiner inneren oder äußeren Umgebung auswähle und meine Aufmerksamkeit dorthin richte. Das kann der kleine Spatz mit der Brotkrume im Schnabel vor mir auf dem Bürgersteig sein oder das weinrote Ahornblatt, das vom Baum segelt, oder ein tiefer Atemzug, der mich innerlich weitet ... Schon habe ich einen anderen Fokus, empfinde wieder positiv. Ich komme in Berührung mit der anderen

Seite in mir, der inneren Balance. Der erste Schritt ist wie so oft der schwierigste. Er bedeutet: Ich muss raus aus dem inneren Hexenkessel. Habe ich etwas davon, dass ich drin bleibe? Selbstmitleid oder etwas anderes? Lohnt es sich, das aufzugeben zugunsten von Zufriedenheit und Glück? Wenn Ihre Antwort darauf Ja ist, dann brauchen Sie jetzt nur noch zu handeln. Ab jetzt gilt: In jedem Moment steckt etwas Kostbares, Schönes, Aufbauendes, auch im schrecklichsten. Viktor Frankl hätte ohne diese innere Haltung seine Inhaftierung in verschiedenen KZs während des Zweiten Weltkriegs nicht überlebt. Nelson Mandela (1918–2013) hätte den langjährigen Gefängnisaufenthalt auf Robben Island nicht überstanden. Wenn es Ihnen gelingt, Ihre Aufmerksamkeit auf das Kraftspendende, das Positive zu richten, in Kombination mit dem Training der Transformation von äußeren in innere Kraftquellen, werden Sie mit der Zeit eine optimistische Lebenseinstellung entwickeln.

Perspektivenwechsel

Eine Grundlage der Arbeit mit Kraftquellen ist Einsicht. Weil ich im Wesentlichen ein geistiges Wesen bin, das einen menschlichen Körper hat, besitze ich die Fähigkeit, die Welt so zu sehen, wie ich es möchte. Ich kann also alles, was ich erlebe, aus unterschiedlichen Blickwinkeln betrachten. Etwa: Mein Partner hat sich von mir getrennt. Das ist die schrecklichste und schmerzvollste Erfahrung, die ich je gemacht habe. Ich fühle mich abgelehnt, belogen, misshandelt, wertlos. Im Ansturm der ersten Gefühle stecke ich fest, kann nichts anderes denken und empfinden. Doch nach einer Weile bekomme ich ein wenig Abstand von dem, was geschehen ist. Das ist ein guter Zeitpunkt, um einmal die Sichtweise zu ändern. Das könnte so aussehen: Die Beziehung, die mein Lebensinhalt war, hat sich aufgelöst, doch es wird etwas Neues kommen. Etwas hat sich schon geändert: Ich schaue auf das, was mir guttut. Meine Wohnung habe ich umgestaltet. Ich gehe wieder allein aus oder lade Freunde ein, die ich mag, ich habe mehr Zeit für mich, kann einen Kurs belegen, eine neue Sportart ausprobieren, eine Reise planen, die ich schon immer machen wollte.

Ich stelle mir vor, wie ich aus der Vogelperspektive mein Leben überfliege bis hin zur Trennung und zu dem, was jetzt ist. Dabei schaue ich nach Anstößen für eine Weiterentwicklung, die gut ist für mich. Ich sehe mein Leben in größeren Zusammenhängen und entdecke vielleicht sogar einen tieferen Sinn in der Trennung, die mich in eine neue Entwicklung hineinkatapultiert.

In jeder Situation ist es möglich, immer wieder den Blickwinkel auf das Erlebte, das Geschehen, zu verändern. Das kann man üben, jeden Tag ...
Etwa wenn Sie erleben, dass Sie schon wieder zu spät zu einer wichtigen Verabredung gekommen sind, sich damit Ärger eingehandelt haben und Ihnen das Ganze peinlich ist. Ändern Sie den Blick auf das Geschehen, indem Sie die Ursachen betrachten, die zu Ihrem Zuspätkommen geführt haben. Welche inneren und äußeren Umstände waren das? Entdecken Sie typische Verhaltensmuster und feste Gewohnheiten an sich. Aber seien Sie dabei freundlich mit sich selbst und lachen Sie auch mal über Ihre kleinen Schwächen.

Ist es nicht wunderbar, dass wir jederzeit unsere Haltung oder Einstellung zu den Dingen und Menschen ändern können? Diese Fähigkeit ist es, die es uns ermöglicht zu vergeben, uns zu ändern und mit dem Wandel im Leben umzugehen. Wir können wählen, was wir denken und wie wir handeln wollen. Wir sind selbstständige Individuen.

ÜBUNG

Alien

Versuchen Sie doch mal, auf spielerische Weise einen Perspektivenwechsel vorzunehmen, indem Sie sich vorstellen: Ich komme von einem anderen Planeten. Alles, was ich hier erlebe, erlebe ich zum ersten Mal. Dadurch entsteht automatisch eine Distanz zu den Dingen. Das kann sehr amüsant und lehrreich sein.

Der Perspektivenwechsel wird zur Kraftquelle, weil ich die Dinge nicht nehme, wie sie auf den ersten Blick erscheinen, sondern darauf schaue, was in ihnen steckt und was um sie herum möglich ist. Das ist wie ein Kaleidoskop. Das gewohnte Mosaik setzt sich immer wieder neu zusammen. Damit gehe ich in Resonanz. Ich folge nicht dem äußeren Schein der Dinge, sondern dem, was sie in immer neuen Verknüpfungen offenbaren.

ÜBUNG

Alles ist ein Geschenk

Wählen Sie einen Tag aus, an dem Sie für einige Zeit das Staunen üben. Sie wachen auf, öffnen die Augen. Alles, was Sie sehen, ist wertvoll, etwas Besonderes, ein Geschenk. Das gilt für das Bett, die Zahnbürste, den Morgenkaffee, Ihre Wohnung, die Kleider, den Bus, mit dem Sie zur Arbeit fahren … für alle großen und kleinen Dinge um Sie herum. Sie nehmen nichts für selbstverständlich, sondern alles als Geschenk – für das Sie sich von Herzen bedanken.

Konzentration

Wenn Sie sich konzentrieren, suchen Sie einen inneren Ort auf, an dem Sie zu Hause sind. Erinnern Sie sich daran, wie Sie als Kind in ein Spiel vertieft waren, ganz und gar darin aufgingen und gar nicht gemerkt haben, wie dabei die Zeit verging oder was um Sie herum geschah? Ihre Aufmerksamkeit war voll und ganz natürlich auf das Spiel gerichtet. Es gab keine Zerstreuung, kein Hü und kein Hott, Vergangenheit und Zukunft waren nicht präsent. Sie waren vollkommen eins mit dem, was gerade im Spiel geschah. Erst als Sie irgendwann auftauchten aus dieser Verschmelzung, nahmen Sie Ihr Umfeld wieder wahr.

Meist fühlen wir uns wohl und entspannen uns, wenn wir nicht zerstreut sind, sondern konzentriert in solchen Momenten aufgehen. Diese Fähigkeit, ganz einsgerichtet im Augenblick zu sein, hilft beim Meditieren. Konzentration ist erholsam. Wir tanken auf.

ÜBUNG

Aufgehen in Konzentration

1. Erinnern Sie sich an eine Situation, in der Sie voll und ganz aufgegangen sind, so wie ein Kind, das außer dem Spiel, mit dem es gerade beschäftigt ist, nichts um sich herum wahrnimmt.
2. Knüpfen Sie an dieser Erfahrung an: Tun Sie heute etwas, worin Sie ganz aufgehen. Seien Sie vollkommen konzentriert beim Kartoffelschälen, Teetrinken oder am PC.
3. Wenn Sie wieder herauskommen aus diesem Erleben, spüren Sie nach, was diese Konzentration mit Ihnen gemacht hat.
4. Wodurch unterscheidet sich Ihre Wahrnehmung jetzt von der Situation, in der Sie ganz konzentriert waren?

Innehalten

Wer sich bewusst zurücknimmt und eine Weile nicht aktiv ist, also innehält, kann sich selbst besser spüren, seinen Körper, die aktuelle Befindlichkeit. Man ist weniger stark verwickelt in das, was geschieht, der Blick ist ganzheitlicher, ein Ausstieg aus den üblichen Reiz-Reaktions-Mustern einfacher. Wir werden langsamer. Eine schnelle hitzige Reaktion kann dazu führen, dass wir uns in etwas hineinsteigern und so einen Negativkreislauf auslösen. Das Innehalten dagegen bringt ein wenig Abstand zum Geschehen. Wir machen einen kurzen Schnitt, vielleicht nur für ein, zwei Sekunden – genau in denen möglicherweise die Negativität verpufft.

Innehalten tun wir, indem wir nicht in die erste automatische Reaktion gehen, die sich aus einem Geschehen ergibt, sondern zunächst im sprichwörtlichen Sinn Luft holen. Auch hier ist der Atem ein gutes Medium, weil wir ihn immer dabeihaben. Es gilt: Erst atmen, dann antworten oder handeln. Diese Sekunden des Nichtstuns und Stillhaltens können viel bewirken. Wir folgen nicht blind gewohnheitsmäßigen Mustern, verinnerlichten Automatismen, sondern warten kurz ab. Dadurch entsteht ein wenig mehr Raum. In unserer zweiten Reaktion sind wir kühler, vernünf-

tiger, blicken wir weiter. Innehalten ist auch ein hervorragendes Mittel gegen Ungeduld. Mit der Verlangsamung bändigen wir inneres Ungestüm. Wir zügeln uns, auch aggressive Tendenzen.

Wer das Innehalten ausdehnen kann, spürt, dass es möglich ist, es als Geisteshaltung zu kultivieren. Generell geschieht das, wenn ich die Identifikation mit dem, was gerade los ist, aufgebe. Dazu nehme ich inneren Abstand und eine möglichst neutrale Haltung zu dem ein, was ist, bin aber zugleich wach, mitfühlend und aufmerksam. Ich nehme wahr, wie ich in Resonanz mit den Dingen und Personen in meiner Umgebung gehe, welche Emotionen und Gedanken in mir aufkommen, ohne mich davon überwältigen zu lassen, und bleibe in Kontakt.

»Frieden beginnt damit, dass jeder von uns sich jeden Tag um seinen Körper und seinen Geist kümmert.«

Thich Nhat Hanh

ÜBUNG

Innehalten im Ernstfall

Innehalten ist eine alltagstaugliche Vorstufe zur Meditation und praktisch immer und überall anwendbar. Der Atem hilft uns dabei. Nehmen wir mal an, Sie sind gerade in einer schwierigen Situation, etwas bringt Sie aus der Fassung.

1. Sie spüren, was in Ihnen geschieht, etwa: Mein Adrenalinspiegel steigt. Ich merke, wie es mir heiß wird. Gleich koche ich über.
2. Jetzt richten Sie die Aufmerksamkeit auf den Atem: Sie atmen ein. Sie atmen aus. Sie atmen ein. Sie atmen aus … Mindestens drei Atemzüge lang. Danach ist ein winziger Abstand entstanden zu Ihrem Ärger und Sie haben nicht die erste Reaktion gewählt.
3. Dann tun Sie, was ansteht.

Unbefangen sein

Es macht Sinn, Meinungen, die wir von den Menschen und den Dingen haben, ab und zu unter die Lupe zu nehmen und zu überprüfen, was noch stimmig ist und was nicht. Da es unser Geist, unser Bewusstsein ist, mit dem wir die Welt kreieren, haben wir eine besondere Verantwortung für unser Denken, unsere geistigen Einstellungen und Haltungen. Das wusste schon der römische Philosoph und Politiker Lucius Annaeus Seneca (um 1–65 n. Chr.):

»Es hat mich einer nicht freundlich gegrüßt, ein anderer nicht herzlich geküsst, ein anderer ein angeknüpftes Gespräch plötzlich abgebrochen, ein anderer mich nicht zur Tafel geladen, ein anderer eine unfreundliche Miene gegen mich gemacht. Daraus macht der Argwohn sogleich Folgerungen. Darum ist Unbefangenheit not und wohlwollende Beurteilung der Verhältnisse. Nur was in die Augen springt und offenbar am Tage liegt, dürfen wir glauben.«

In diesem Sinne dürfen wir uns erfreuen an der Wandlungsfähigkeit des Geistes. Die Grundlage ist, unbefangen bei sich selbst zu bleiben. Es ist die Fähigkeit, nicht gleich aufzuspringen auf Urteile, Wertungen, Aufforderungen und mehr. Das Innehalten ist dabei hilfreich. Wir sind nicht die Sklaven von Instinkten, Gefühlen, Ereignissen. Gedanken kommen und gehen, sie ändern sich ständig, ebenso wie äußere Umstände und unsere Emotionen. Wir können aus einer natürlichen Unbefangenheit heraus, basierend auf einer neutralen Haltung, dafür sorgen, dass wir nicht weggeschwemmt werden von negativem Denken wie Neid, Hass, Kleinlichkeit, vorschnellen Bewertungen. Unbefangen sein setzt voraus, dass ich die Situation frisch und neu angehe, Erwartungshaltungen aufgebe, meine Konzepte und Vorurteile loslasse und mich einlasse auf das, was geschieht. Ich vertraue, bin wohlwollend und bleibe bei mir. Es ist diese im Buddhismus als Anfänger-Geist bezeichnete Herangehensweise, in der nichts vorgefertigt oder selbstverständlich ist, die den Raum schafft für eine Haltung des Unbefangenseins.

> »Wenn wir unser eigenes Licht erscheinen lassen, geben wir unbewusst anderen Menschen die Erlaubnis, dasselbe zu tun.«
>
> *Nelson Mandela*

Gelassenheit

Wenn wir nicht nach Dingen greifen und sie festhalten, sondern uns Raum geben, unseren Gedanken, Gefühlen, Wahrnehmungen erlauben zu kommen und zu gehen, ohne uns in sie zu verbeißen, spüren wir einen Hauch von Freiheit und Gelassenheit. Gelassen sein hat etwas mit sein lassen zu tun. Wir vergaloppieren uns, wenn wir belastende

Gedanken, Wertungen, Erinnerungen, Gefühle festhalten und immer weiter ausspinnen. Besonders wenn es ein negativer Gedanke ist, mit dem wir uns verurteilen wie: »Ich werde ihr nie verzeihen …«, neigen wir dazu, uns in unseren Schmerz hineinzusteigern. Wir geraten in ein energetisches Feld, in dem alle möglichen unangenehmen Gefühle von Gedanken ausgelöst werden, die anknüpfen an dem, was die ursprüngliche Verletzung ausgemacht hat. Doch die Verletzung ist vorbei, sie gehört der Vergangenheit an. In unserem Bewusstsein können wir sie jedoch zurück in die Gegenwart holen – und uns damit Höllenqualen erschaffen, weil wir uns in etwas verbeißen, was gar nicht mehr da ist. In der Erinnerung erleben wir die schmerzhafte Situation wieder und wieder, malen sie aus, werden wütend, weinen …

In der Regel ist es nicht sinnvoll, solchen inneren Szenarien nachzugeben. Dabei hilft der Einsatz der persönlichen Kraftquellen. Ein Mangel an Gelassenheit hat mit Festhalten zu tun. Wir halten an etwas fest, das uns nicht guttut, verspannen uns. Erinnern Sie sich an Ihre Kraftquellen. Was könnte jetzt helfen, aus der Verbissenheit herauszukommen? Überlegen Sie, was Sie in innere Balance bringt: eine Yogaübung, joggen, Meditation, ins Kino gehen, baden. Brauchen Sie einen Tapetenwechsel oder eher Zentrierung? Wählen Sie aus Ihrem Repertoire etwas aus und stellen Sie den inneren Hebel um. Damit bereiten Sie den Boden vor für Gelassenheit, die Ausdruck von innerer Balance ist. Wer gelassen ist, ankert in seiner Mitte und geht mit dem, was kommt, ist nicht aus der Ruhe zu bringen.

In manchen Fällen jedoch kann es durchaus hilfreich sein, sich zu erinnern und belastende Szenarien zu rekonstruieren, um Dinge zu klären und Knoten zu lösen. Dann ist es von Vorteil, dass wir über das Jetzt hinausdenken können, wenn wir damit einhergehende Gefühle zulassen, daran gebundene Lebensenergien befreien und schließlich alles in den weiten Raum entlassen. Das wäre ein innerer Reinigungsprozess oder eine therapeutische Erfahrung auf dem Weg zum Heilwerden.

In der folgenden kleinen Übung erfahren Sie in nur drei Minuten sinnlich und auf nachhaltige Weise den Unterschied zwischen Greifen und etwas Seinlassen. Seinlassen ist entspannt, ohne Kraftaufwand, Greifen strengt an. Festhalten geht nur bis zu einem gewissen Punkt. Es mündet ganz natürlich ins Loslassen. Gelassenheit entspricht dieser Erfahrung auf der geistigen Ebene.

ÜBUNG

Das Greifen loslassen

Nehmen Sie einen Stift, legen ihn auf Ihre Hand und ballen Sie diese zur Faust. Drehen Sie die Faust mal nach oben, mal nach unten. Erhöhen Sie den Druck auf den Stift, dann reduzieren Sie ihn wieder. Halten Sie den Stift jedoch die ganze Zeit fest.
Jetzt drehen Sie die Faust nach oben. Blicken Sie auf Ihre gekrümmten Finger. Öffnen Sie die Hand und lassen Sie den Stift auf der geöffneten Handfläche ein wenig hin und her rollen, ohne dass er hinunterfällt. Der Stift bewegt sich frei, Ihre Hand ist nicht verkrampft, das Ganze ist unangestrengt.

Freude

Freude ist eine der größten inneren Kraftquellen. Von ihrem Potenzial war schon an mehreren Stellen in diesem Buch die Rede. Die Freude kann uns öffnen für ein tiefes, großes Glück. Dabei hat sie viele Gesichter, nicht nur schöne. Wir freuen uns, wenn wir Spaß haben oder erleichtert sind, wenn wir Zufriedenheit erleben oder Jubel und Entzücken bis hin zur Ekstase. Wir freuen uns über eine gute Tat, Erfolg, erhebende Gefühle, Wertschätzung, wenn wir dankbar sind, etwas genossen haben, Glück erfahren, uns selbst verwirklichen. Wir freuen uns über Großzügigkeit, Mitgefühl, wenn wir geliebt werden. Es gibt aber auch die Schadenfreude.

Freude ist ein nachhaltiges Gefühl, mehr als nur ein kurzes Glück. Sie ergreift Körper, Geist und Seele. Sie hat eine qualvolle Seite, wenn wir voller Begehren hinter ihr herjagen. Die Gier nach Glück und freudvollen Momenten kann auch zur Sucht werden. Dann lässt sie uns immer auf der Jagd sein nach Augenblicken des Wohlbefindens, nach Erfolgserlebnissen: im Kaufrausch, im Spiel, im Genuss von allem Möglichen – als Getriebene.

Dauerhaftes Glück und beständige Freude fühlen sich anders an. Sie wohnen in unseren Herzen. Der indische Yogi beispielsweise ist bettelarm und glücklich, er braucht nur wenig zum Leben. Äußere Umstände sind ihm nicht wichtig – es sei denn, er nutzt sie zur Inspiration. Lebt ein Mensch in Harmonie mit seiner wahrhaften Natur, dann hat er innerlichen Frieden gefunden und strahlt diesen auch aus. Er lebt im Einklang mit seinem Potenzial.

Das ist es, wohin die Nutzung unserer persönlichen Kraftquellen führen kann. Normale Menschen wie Sie und ich fallen immer wieder aus dem

Rahmen, aus unserer Mitte heraus ins Begehren oder in die Ablehnung. Doch wir können unsere Kraftquellen nutzen, um das innere Gleichgewicht wiederzufinden, in uns Freude zu inspirieren.

ÜBUNG

Freude erforschen

Nehmen Sie sich ein paar Minuten Zeit, am besten an einem ungestörten Ort, und erforschen Sie für sich das Gefühl von Freude.

1. Rufen Sie das Gefühl der Freude mithilfe Ihrer Erinnerung in sich hervor. Vielleicht ist es das warme Gefühl, das Sie hatten, als Sie ein Päckchen geöffnet haben, in dem ein Geschenk für Sie war?
2. Was geschieht bei der Vorstellung in Ihrem Körper?
3. Woraus bestehen Ihre freudigen Empfindungen? Schauen Sie genau hin, was steckt alles drin?
4. Welche Gedanken, auch Bewertungen docken an?
5. Gibt es weitere Erinnerungen, die Sie mit dem Erlebnis verknüpfen?
6. Was bewirkt die Freude in Ihnen?

Großzügigkeit

Großzügigkeit ist eine Kraftquelle, die innerlich weit macht. Es ist die Freude am Geben. Dabei ist es nicht so wichtig, was wir geben, ob materielle Dinge, unsere Zeit oder unsere Liebe. Wer großzügig ist, gibt gerne auf allen möglichen Ebenen: Geld, Geschenke, Zeit, Mitgefühl, Hilfsbereitschaft und mehr. ***Zur Großzügigkeit gehört ein Stück Selbstlosigkeit. Wichtig ist, dass das Geben von ganzem Herzen geschieht, auch unabhängig davon, wie sich die Person verhält, die die Gabe erhält.*** Echte Großzügigkeit koppelt sich also ab von Erwartungshaltungen gegenüber denen, die das Geschenk bekommen. Sie lässt sich aber auch nicht ausnutzen. Wer gibt, sollte auch die Bereitschaft haben, anzunehmen, wenn ein anderer etwas zurückgeben möchte. So können Geben und Nehmen zu einem Austausch werden, einem miteinander Schwingen, das allen Beteiligten guttut.

Wer sich mit einem Hang zur Kleinlichkeit herumschlägt oder mit Geiz ein Problem hat, kann bewusst Großzügigkeit üben, um diese Blockade, die ein Hindernis bei der Entfaltung von innerem Potenzial ist, spielerisch zu überwinden. Man muss die Schwelle nicht hoch ansetzen. Es geht auch mit kleinen Dingen. So können Sie Ihre Gebefähigkeit als Kraftquelle nutzen.

ÜBUNG

Mit Freude geben

1. Entscheiden Sie sich, für eine bestimmte Zeitspanne, das können Stunden, Tage oder Wochen sein, etwas von sich zu geben, ohne eine Gegenleistung zu erwarten. Vielleicht helfen Sie der Flüchtlingsfamilie von nebenan oder Sie fahren die Nachbarin, die kaum noch laufen kann, zum Arzt oder Sie wählen ein Ehrenamt auf Zeit. Sie können auch dem Bettler an der Ecke öfter etwas Geld geben, sorgen Sie dann dafür, dass Sie Kleingeld in der Tasche haben. Oder Sie spenden einem Menschen, einer Einrichtung oder gemeinnützigen Organisation etwas. Tun Sie, was Sie gerade sinnvoll finden.
2. Beobachten Sie an sich, was in Ihnen geschieht, wenn Sie etwas von sich geben: Welche Gefühle haben Sie? Wo spüren Sie Reaktionen im Körper? Erforschen Sie, was in Ihrer Körperwahrnehmung steckt. Welche Gedanken gehen Ihnen durch den Kopf?
3. Spüren Sie in sich hinein, welche Blockaden, negativen Gefühle oder Vorstellungen da sind. Stellen Sie sich vor, das Negative fliegt in Form von Seifenblasen davon, die Sie in die Luft pusten.
4. Nehmen Sie ein positives Gefühl, das Sie beim Geben empfunden haben, und vertiefen Sie es, bis Sie zu einem Grundgefühl wie Freude oder Zufriedensein durchdringen.

5. Laden Sie sich mit dieser Energie auf, indem Sie sie durch Ihren ganzen Körper strömen lassen.
6. Schreiben Sie Ihre Erlebnisse und Erkenntnisse auf, sei es per Hand oder Computer, zum Beispiel in Ihr Tagebuch, Ihren Kalender oder ein kleines Notizbuch.

Geduld

Das Gegenteil von Geduld – Ungeduld – ist eine verdeckte Form von Aggression. Kennen Sie das? Sie stehen an der Kasse eines Supermarktes und sind unter Zeitdruck. Die Kassiererin ist unsäglich langsam. Jetzt kommt noch eine alte Dame, die das Kleingeld in ihrer Geldbörse nicht schnell genug findet. Sie werden unruhig, treten von einem Bein aufs andere. In Ihnen baut sich Ärger auf bis hin zur Wut und schließlich explodieren Sie. Sie schimpfen und beschweren sich.
Doch damit verschleudern Sie nur sinnlos Lebensenergie und schaffen ein Schlachtfeld, das so gar nicht nötig wäre. Wie wäre es dagegen mit einer kleinen Geduldsübung? Wenn Sie spüren, wie der Ärger in Ihnen hochkocht, gehen Sie mit der Aufmerksamkeit auf Ihren Atem und schauen sich um. Sie sehen jetzt alles mit anderen Augen: Da ist auch noch ein fröhliches Kind mit Rollschuhen, das tolle Gemüse-Arrangement … und mehr. Sie können

sich ein wenig dehnen, strecken und das Warten locker nehmen. Vielleicht ergibt sich ein Plausch (eine Freundin von mir hat auf diese Weise ihren Mann kennengelernt). Ihr innerer Druck lässt nach und Sie fangen an sich zu entspannen. Damit drosseln Sie Ihr eigenes inneres Tempo, alles darf langsamer gehen. Sie nehmen Rücksicht auf die ältere Dame und die Kassiererin, steigen aus negativen Gedankenschleifen und inneren Filmen aus, wie etwa: »Die Kassiererin hat doch echt ihren Job verfehlt. Die würde ich sofort kündigen … Müssen alte Leute immer genau dann einkaufen gehen, wenn die Berufstätigen unterwegs sind. Die haben doch den ganzen Tag Zeit …« Stattdessen sind Sie freundlich und lächeln. Sie nehmen innerlich eine andere Haltung ein, vielleicht humorvoll, gelassen, freudig? Das verändert sofort das Lebensgefühl. Es geht Ihnen besser, weil Sie nachsichtig und geduldig sind. Und was genau tun Sie gerade? Sie zügeln Ihren Willen, die überschüssige Spannung wird abgebaut und Sie geben die unrealistische Vorstellung auf, in wenigen Minuten aus dem Supermarkt herauszukommen. Sie denken und fühlen positiv, tanken damit Energie – und schon sind Sie wieder in Balance.

Es gibt so viele Möglichkeiten, sich etwas Gutes zu tun, was im besten Fall auch anderen Men-

schen hilft. Üben Sie doch einmal das entspannte Warten in unterschiedlichen Lebenssituationen, von denen es ja unzählige gibt. Auf diese Weise gewinnen selbst potenzielle Choleriker ein Quäntchen mehr Gelassenheit. Geduld führt zu Gelassenheit und Gelassenheit ruht in der Mitte zwischen den Extremen. Wer in der Mitte ankert, so oft und so gut er kann, steht auf dem Sprungbrett zum inneren Potenzial und damit zum Feld von Verbundensein.

Humor

»Humor ist, wenn man trotzdem lacht.« Dieser weise Satz des deutschen Lyrikers und Romanautors Otto Julius Bierbaum (1865–1910) trifft den Punkt genau. Wer Humor hat, entscheidet sich für einen Perspektivenwechsel. Er sieht die Sache aus einer höheren oder anderen Warte, katapultiert sich aus dem Grübeln oder anderen unangenehmen Geisteszuständen heraus in eine neue Dimension der Wahrnehmung. Beim Lachen tauchen wir ohne Umschweife ganz in den gegenwärtigen Moment ein, quasi ohne nachzudenken. Das allein ist aufbauend, kann sogar heilsam sein. Wer über einen Witz lacht, tut sich darüber hinaus auch noch körperlich etwas Gutes, denn Lachen aktiviert das

Zwerchfell, massiert die inneren Organe, wirkt muskelentspannend und vertieft die Atmung. Um diese positiven Wirkungen zu erleben, reicht übrigens auch schon ein Lächeln.

Nicht jede/r von uns findet alles witzig. Im Gegenteil: Humor ist eine höchst individuelle Angelegenheit, er hat viele Facetten, ähnlich wie die Freude. Er kann auch mit Schadenfreude verbunden sein oder sich als Lust an der Kritik und Abwertung von Menschen austoben, die eine andere Haut- oder Haarfarbe, Sprache, Religion oder Kultur haben. Das geht von Blondinen- und Ostfriesenwitzen bis hin zu solchen über jüdische Mitbürger während des Nationalsozialismus oder syrische Flüchtlinge, die bei uns Schutz suchen. Es gibt viele Beispiele für unheilsamen Humor.

Wann aber tut Humor gut? Immer wenn er verbunden ist mit einer liebevollen Grundhaltung, mit Mitgefühl für die, über die man lacht, und für uns selbst; wenn er eine tiefe Freude in uns weckt. Selbst in kritischen Situationen können wir mithilfe von Humor den inneren Clown, das Spielerische in uns bewahren und so sich ausdehnende Schwermut und spannungsgeladene Situationen auflockern. Mit Humor lassen wir die Luft aus depressivem Erleben, schaffen wir eine erholsame Distanz zu empfundener Enge oder Anspannung.

Wir rufen eine plötzliche Wende in uns hervor, einen Perspektivenwechsel inmitten einer ganz anderen Stimmung. Humor hilft aus Tiefs herauszukommen, und zwar ohne Umschweife. Deshalb ist er eine Kraftquelle.

ÜBUNG

Witzig oder nicht witzig?

1. Spüren Sie einmal in sich hinein und schauen Sie, was der Witz unten in Ihnen bewirkt. Was geschieht in Ihrem Körper? Was denken Sie?
2. Der Witz dazu: »Was steht auf dem Grabstein eines Mathematikers? – Damit hat er nicht gerechnet!«
3. Gefällt Ihnen der Witz? Warum oder warum nicht?
4. Experimentieren Sie im Alltag bewusst immer mal wieder spielerisch mit humorvollen Perspektivenwechseln.

Selbstwertschätzung

Selbstwertschätzung ist eine Basis für persönliches Wohlbefinden und hilft uns im Leben entscheidend weiter. Bestimmte Rahmenbedingungen im Leben, vor allem in der Kindheit, tragen dazu bei, dass wir Selbstwertschätzung entwickeln können. Was macht uns stark? Dazu gibt es wissenschaftliche Untersuchungen. Beispielsweise gehören gute soziale Beziehungen, Bindungsfähigkeit sowie positives Sozialverhalten zu den Starkmachern, ebenso wie Humor, Flexibilität, Ausdauer, Frustrationstoleranz, die Fähigkeit, sich von Problemen distanzieren zu können, emotionale Ausgeglichenheit und Optimismus sowie der Mut, Probleme aktiv zu lösen.

Ein Kind, das sich geliebt und angenommen fühlt, dem Wertschätzung entgegengebracht wird, entwickelt diese Fähigkeiten spielerisch. Hat es die Möglichkeit, eine gesunde Beziehung mit einer Bezugsperson aufzubauen, die selbst mit beiden Beinen und einer Portion Selbstvertrauen im Leben steht, bekommt es zugleich die Chance, frei seine eigenen Wege zu gehen. Dann sind die Voraussetzungen gut, dass dieses Kind lernt, sich selbst wertzuschätzen. Ein intaktes soziales Umfeld trägt hierzu entscheidend bei. Erleben wir als Kind keine Traumata, etwa durch Missbrauch oder andere negative äußere Einflüsse (zum Beispiel in der Schule oder in der Clique), dann entfalten wir persönliche Integrität, das heißt: »Ich akzeptiere mich mit allem, was ich bin, meinen Stärken, meinen Schwächen, meinem unerschöpflichen Potenzial.« Wer so erwachsen geworden ist, hat ein natürliches Selbstwertgefühl aufgebaut, aus dem er/sie ein Leben lang schöpfen kann.

Wir leben aber leider in einer Welt, in der familiäre Bindungen oft gestört und wenig unterstützend sind und/oder das soziale Umfeld kontraproduktiv ist. Das kann dazu führen, dass wir eine negative Selbsteinschätzung entwickeln, die uns womöglich lebenslang begleitet. Viele von uns kennen das Gefühl von: »Ich bin nicht okay, so wie ich bin.« Oder: »Wäre ich wie Sonja, dann ginge es mir gut.« Wir vergleichen uns, finden uns hässlich, zu dick, zu dünn, zu ungeschickt oder zu dumm ... Während wir uns bewerten und vergleichen, verlieren wir das Gefühl für unsere Stärken, für die Einzigartigkeit und Schönheit dieses, unseres einzigartigen, besonderen Lebens. Wie ein Ast, der vom Baum abgeschnitten wurde, fühlen wir uns getrennt von dem, was uns nährt: unsere innere Vollkommenheit. Wir verlieren das Selbstvertrauen, die Dankbarkeit für dieses Leben, diesen Moment und alles, was dazugehört. Mangelnde Selbstakzeptanz schiebt sich wie eine dicke Mauer vor unser Potenzial und blockiert den Zugang zu den Kraftquellen.

Aus diesem Dilemma finden wir heraus, indem wir uns auf unsere Stärken besinnen. Denken Sie einmal darüber nach, welche Stärken Sie haben. Schreiben Sie mindestens 10 davon auf. *Der Versuchung zu widerstehen, sich mit anderen zu vergleichen, und stattdessen sich zu vergegenwärtigen, dass ich so, wie ich bin, in Ordnung bin, dass ich Fehler machen darf und liebenswert bin mit allen Vorzügen und auch den Schattenseiten, das nährt ein gesundes Selbstwertgefühl. Bei allem, was geschieht: Die innere Vollkommenheit ist immer da.* Die folgende kleine Visualisierung hilft, die Selbstwertschätzung in Ihnen liebevoll zu wecken und zu nähren, wenn ein negatives Erlebnis oder eine ungute Stimmung an Ihrem Selbstwertgefühl nagt.

VISUALISIERUNG

Sich selbst umarmen

Suchen Sie sich einen Platz, an dem Sie ganz ungestört sein können, und setzen Sie sich auf einen Stuhl oder ein Kissen. Achten Sie auf eine Körperhaltung mit aufrechtem Rücken.

1. Schließen Sie die Augen. Wählen Sie eine kleine Einstiegsmeditation oder halten Sie auf Ihre Weise inne, bis Sie gut zur Ruhe gekommen sind.

2. Visualisieren Sie vor Ihrem geistigen Auge Ihre eigene Person in einem Spiegel gegenüber von sich. Nennen Sie nun alles, was Sie an sich mögen: an Ihrem Körper sowie Ihre Eigenschaften, Fähigkeiten. Sprechen Sie es laut aus. Etwa so: »Anna, ich mag an dir deine Augen, deine Haut, dein Lachen, deinen Humor, deinen Orientierungssinn … usw.«
3. Dann benennen Sie das, was Sie als Ihre Schwächen bezeichnen würden: »Anna, du bist auch eifersüchtig, geizig, gierig, stolz, unfair …«
4. Nun sehen Sie die ganze Anna, mit allem, was dazugehört, vor sich. Sagen Sie laut zu sich: »Anna, ich nehme dich, wie du bist.«
5. Nun breiten Sie im Geiste die Arme aus. Umarmen Sie die Anna vor sich liebevoll. Lassen Sie Ihr Spiegelbild sanft in Ihr Herz hineinschmelzen, bis es ganz in Ihnen aufgegangen ist.
6. Wenn Sie wollen, bitten Sie Ihre spirituelle Kraftquelle darum, Sie zu reinigen mit Licht, das Sie umfließt, in Sie hineinströmt und alle Negativität transformiert.
7. Lösen Sie alle inneren Bilder in einen blauen Himmel hinein auf.
8. Bewegen Sie sich, öffnen Sie die Augen und kommen Sie wieder im Alltag an.

Mitgefühl

Mitgefühl basiert auf der Fähigkeit, empathisch zu sein. Das Wort Empathie kommt aus dem Griechischen (*empatheia*: *path* = Leiden). Empathie basiert auf der inneren Bereitschaft, sich in einen anderen Menschen, seine Sicht der Dinge und seine Wahrnehmung der Welt einzufühlen. Die Neurowissenschaftlerin Tania Singer bezeichnet sie als ein Mitleiden, das auf Einfühlung beruht. Sie hat festgestellt, dass Empathie auf einem anderen neuralen Netzwerk beruht als Mitgefühl. Damit gibt es zwischen Empathie und Mitgefühl eine mittlerweile messbare Differenz. Wer empathisch ist, geht in Resonanz mit einem anderen Menschen und kann schlimmstenfalls von dessen Leiden überwältigt werden. Dann sitzen zwei Personen im gleichen Boot.

Paul Ekman, ein amerikanischer Anthropologe und Psychologe, unterscheidet kognitive und emotionale Empathie. Kognitive Empathie basiert auf dem Erkennen eines Gefühls wie zum Beispiel Angst durch Beobachtung. Unter anderem an der Körperhaltung, der Mimik, dem Blick, der Ausstrahlung eines Menschen erkenne ich, ob er Angst hat, glücklich ist oder Hilfe benötigt. Emotionale Empathie dagegen beruht auf Einfühlung: Ich gehe in Resonanz mit der Angst des anderen, spüre sie wie meine eigene. Das geht nur, weil ich selbst Angst kenne, wenn auch vielleicht eine andere Angst als mein Gegenüber. Grundsätzlich aber weiß ich, was Angst ist, weil ich sie selbst schon erlebt habe. Manchmal identifizieren wir uns mit der Angst oder den Gefühlen eines anderen so sehr, dass wir uns nicht mehr abgrenzen können.

Sowohl der kognitiven als auch der emotionalen Empathie liegt eine wertschätzende und respektvolle Haltung gegenüber einem anderen Menschen zugrunde. Empathie spielt sich im Inneren eines Menschen ab, sie ist nur möglich in der Begegnung. Sie verleiht uns die Fähigkeit zu sozialem Miteinander. So gesehen ist sie eine Errungenschaft der Evolution, wie der niederländische Verhaltensforscher Frans de Waal sagt.

Mitgefühl ist vergleichbar mit der Liebe, die eine Mutter zu ihrem Kind hegt. Sie nährt sich aus dem Quell des Verbundenseins. Mitgefühl kennt auch Einsicht oder Vernunft und verknüpft sie mit tiefer Liebe zum Nächsten. Empathie ist die Voraussetzung, um Mitgefühl zu entwickeln. Mitgefühl ist jedoch wesentlich mehr als Empathie. Im Buddhismus wird es als ein Juwel angesehen. Es wurzelt in dem Herzenswunsch, das Leiden aller fühlenden Wesen zu lindern. Und: Mitgefühl ist erlernbar. Es ist mit der Weisheit der Erkenntnis

verbunden, dass es keinen wesentlichen Unterschied zwischen mir und dem anderen gibt, was unsere innerste Natur oder das innerste Potenzial betrifft. Es gilt: Alle Wesen sind in diesem Sinne vollkommen. Aber alle Wesen leiden auch darunter, dass sie ihre Vollkommenheit nicht leben. Wer anderen schadet, schadet sich selbst und umgekehrt, weil er sich von der Quelle im Herzen, der Liebe zu allen Wesen, abgeschnitten hat. Ein mitfühlender Mensch sucht die Begegnung mit anderen. Er will tätig werden, anpacken, helfen, sich sozial engagieren und aus ganzem Herzen das Leiden in der Welt lindern.

Mitgefühl kann auch unbequem werden, wenn es sich scheinbar gegen einen Menschen richtet, um einen anderen zu schützen. Für Mitgefühl brauchen wir geistige Klarheit, die Basis für mitfühlende Distanz. Man würdigt das Leiden eines anderen und auch das eigene, ohne sich davon so überwältigen zu lassen, dass man sich gelähmt fühlt. Mitgefühl geht deshalb mit Unterscheidungsvermögen einher, hat also auch eine kognitive Komponente.

Wenn wir Mitgefühl in diesem Sinne entfalten, können wir für andere oder für uns selbst da sein, ohne uns in neurotische Muster zu verstricken. Ein mitfühlender Mensch hat ein offenes Herz und

Verständnis für andere, ohne sich mit deren Problemen zu identifizieren. Er bleibt bei sich, gegründet in einer tiefen Selbstakzeptanz und getragen von Liebe, und handelt angemessen und respektvoll.
Eine immense Kraft gewinnt Mitgefühl dadurch, dass es sich aus dem Potenzial unermesslicher Liebe speist und diese in uns zum Schwingen bringt. Es ist eine Liebe, die sich nicht an Subjekte oder Objekte bindet. Mitgefühl ist eine unerschöpfliche Kraftquelle, die beseligt, die Energie gibt, die uns präsent und für alle da sein lässt. Es strahlt aus einem Menschen heraus. Mitgefühl können wir sowohl im Geben üben als auch in der Fähigkeit anzunehmen, was ein anderer Mensch zu geben hat. In der folgenden kleinen Visualisierung können Sie ausprobieren, wie es sich anfühlt.

ÜBUNG

Mitgefühl schenken

Setzen Sie sich an einen Platz, an dem Sie ungestört sind. Nehmen Sie eine aufrechte und entspannte Haltung mit geradem Rücken ein.

1. Halten Sie kurz inne und kommen Sie innerlich zur Ruhe, zum Beispiel mit einer Atembeobachtung.
2. Denken Sie an einen Menschen, bei dem Ihnen das Herz aufgeht. Sehen Sie ihn vor Ihrem geistigen Auge, er lächelt Ihnen zu.
3. Lassen Sie dieses Lächeln in Ihr Herz hineinströmen und in Ihrem Brustkorb zu einer kleinen Sonne anwachsen, die in alle Richtungen strahlt. Fühlen Sie deren Kraft.
4. Bleiben Sie ganz mit dieser Herzsonne verbunden, während Sie daraus nun Wärme und Mitgefühl zu einem Menschen strömen lassen, den Sie gut kennen und der es gerade schwer hat im Leben, der krank oder unglücklich ist.
5. Nach einiger Zeit lösen Sie die inneren Bilder wie einen Regenbogen in einen blauen Himmel hinein auf.
6. Spüren Sie in Ihren Körper, Ihren Atem hinein. Bewegen Sie sich, öffnen Sie die Augen und lassen Sie die Visualisierung nachklingen.

Mitgefühl ist die Basis, um Verbundenheit tief zu empfinden. Es gibt zahlreiche Möglichkeiten, uns jeden Tag im Verbundensein zu üben, indem wir Nähe zu anderen Menschen zulassen, sie berühren, uns öffnen für das Du. Beispielsweise indem wir jemandem in der Not helfen oder einen Kranken unterstützen oder ehrenamtlich arbeiten oder freiwillig etwas Gutes tun … einfach jeden Tag eine kleine gute Tat vollbringen und sei es, der Nachbarin den Mülleimer zur Tonne zu tragen oder den immer muffigen Zeitungsverkäufer anzulächeln oder einem Menschen etwas zu schenken, über das er sich freuen kann ... Es gibt unendlich viele kleine und große Taten, mit denen wir Mitgefühl ausdrücken können – ein Mitgefühl, das keine Gegenleistung erwartet. Wir geben aus Liebe und erleben dabei, wie wertvoll es ist, ein Mensch zu sein.

REFLEXION

Wie alles miteinander zusammenhängt

Dass wir alle in einem weitreichenderen Sinne miteinander verbunden sind, als wir uns in der Regel bewusst machen, wird deutlich, wenn man ein Produkt, das im Alltag gebraucht wird, bis zu seinem Ursprung zurückverfolgt und sich dabei vergegenwärtigt, woher das Material dafür kommt und wie viele Menschen und Prozesse nötig sind, bis wir es nutzen können. Ein Blatt Papier zum Beispiel, das aus Holz besteht, war einmal ein Baum, der gepflanzt wurde. Der Baum wuchs über Jahrzehnte, war Teil des Waldes, erlebte Wind und Wetter, die Jahreszeiten, bis er gefällt wurde, ins Sägewerk kam und in einem

komplexen Prozess zu Papier verarbeitet wurde. Das Papier wurde verpackt, in den Vertrieb gebracht, kam in den Handel bis in den Laden oder Versand, bei dem Sie es kaufen. Unzählige Menschen waren an dem Produktionsprozess, am Transport, dem Verkauf in ganz unterschiedlichen Funktionen beteiligt. Jetzt legen Sie das Blatt in den Drucker und geben es weiter. So ist es mit allem, was wir benutzen.
Denken Sie öfter einmal darüber nach, woher ein Produkt kommt, das in Ihrem Haushalt landet, wie viele Menschen daran mitgewirkt haben. Es gibt genügend Gründe, dafür dankbar zu sein.

Nichtwerten

Verknüpft mit Mitgefühl und allen anderen oben genannten inneren Kraftquellen ist eine Haltung des Nichtwertens. Wer nicht wertet, bleibt so neutral wie möglich. Das ist in unserer kritiksüchtigen Welt gar nicht so einfach. Heißt das, wir dürfen keinen Standpunkt zu einer Sache mehr einnehmen? Das geht doch nicht, oder? Keine Sorge, wir dürfen eine Meinung haben. Die Kunst liegt darin, sich nicht in einen Standpunkt zu verbeißen, nicht an ihm zu kleben wie eine Klette, sondern bereit zu sein, ihn jederzeit wieder loszulassen. Ein Beispiel: Sie sind für Umweltschutz und gegen die Nutzung von Plastiktüten und Sie leben nach diesen Prinzipien. Fast automatisch werten Sie Menschen, die anders denken und handeln, ab. Beim Nichtwerten geht es um Selbstbeobachtung, vor allem wenn Sie einen klaren Standpunkt beziehen. Sie stellen also fest: »Aha, ich verurteile den Mann, der die Plastiktüte kauft und dann wegwirft.« Beim Urteilen sehen wir meist nur einen Aspekt, eine bestimmte Verhaltensweise – die wir oft auf die ganze Person übertragen. Etwa: »Das ist ein Umweltfeind.« Und weiter: »Mit solchen Menschen hat die Erde keine Zukunft. Was soll aus unseren Kindern werden?« Stattdessen könnten Sie auch versuchen, andere Seiten des Mannes zu sehen, wie: »Er hat offenbar seine Einkaufstasche vergessen. Wie liebevoll er mit seinem Sohn umgeht. Und er gibt dem Bettler vor dem Laden einen Euro. Er war einmal ein Kind wie ich auch. Außer den Eigenschaften, die ich jetzt gerade als negativ wahrnehme, hat er noch viele andere, positive.« Das hilft, um einen Abstand zum eigenen Urteil zu bekommen. So verhindern wir, jemanden abzuwerten, weil er nicht unserer Vorstellung entspricht. Beim Abwerten nehmen wir schnell eine extreme Position jenseits der Mitte ein: Das ist gut, das ist schlecht. Aber selbst unser vermeintlich größter Feind hat auch Stärken, genauso wie Sie und ich. Stellen Sie sich vor, ein Freund ist durch das Examen gefallen. Er hat den Leistungsanforderungen nicht genügt. Das kann er ändern und noch einmal von vorne beginnen oder einen anderen Weg gehen. Es wäre vermessen, ihn als gescheiterte Existenz zu verurteilen. ***Wir lernen alle oft mehr aus Niederlagen als durch Erfolge. Indem wir Abstand von Wertungen nehmen, bekommen wir das gesamte Bild in den Blick, nicht nur den Ausschnitt. Im Grunde trainieren wir so Toleranz und Flexibilität. Auch hier geht es um die Bewusstwerdung und Veränderung von Einstellungen, Sichtweisen.***

Wir leben in einer dualistischen Welt, in der wir ständig definieren, was gut ist – woraus sich automatisch ergibt, was schlecht ist – und umgekehrt. Aus dem einen Extrem erwächst das andere. Aber wer in Extremen feststeckt, schafft sich unnötiges Leiden. Denn egal, ob es sich um die Euphorie eines Glückserlebnisses oder den beißenden Schmerz einer Niederlage handelt: Beides ist vergänglich. Wir müssen es eh irgendwann wieder loslassen, also warum sich hineinsteigern, oder? Die folgende Übung ist ein alltagstaugliches Experiment, um einmal bewusst auszuprobieren, wie es sich in der Mitte zwischen allem leben lässt.

ÜBUNG

Jenseits der Extreme

1. Stellen Sie sich eine Skala vor: rechts außen das Extrem gut, in der Mitte der neutrale Bereich, ganz links das extrem Böse. Sie bewegen sich im Mittelfeld, in dem es keine Extreme gibt. Es ist das Sprungbrett zur Gelassenheit, denn hier gibt es keine Überreaktionen. Sie siedeln sich bewusst dort an. Sie denken, sprechen, handeln »mittelfeldlike«.
2. Achten Sie auf Ihre Sprache, auf Ihre Gefühle. Alles wird »mittelfeldlike« eingesetzt. Wählen Sie möglichst neutrale Wörter und Sätze, das heißt, Sie vermeiden zu werten. Sobald Sie merken, dass Sie beginnen, sich mit Gefühlen oder einer Sache zu identifizieren und Partei zu ergreifen – sich also auf eines der Extreme zubewegen –, halten Sie inne. Setzen Sie die Atembeobachtung ein. Schauen Sie, was geschieht.
3. Sie können zum Beispiel jeden Tag eine Stunde lang im Mittelfeld bleiben. Experimentieren Sie mit Tageszeiten, Orten, Begegnungen.
4. Beobachten Sie jeweils genau, was das mit Ihnen macht, und notieren Sie Ihre Erfahrungen.

Ethik

Ethik befasst sich mit den Voraussetzungen und der Bewertung von menschlichem Handeln. Das Wort stammt aus dem Griechischen und meint das sittliche Verständnis von etwas. Insofern ist Moral der Gegenstand von Ethik. Moral ist nichts Statisches, sie ändert sich mit den gesellschaftlichen Entwicklungen. Sie definiert sich in klaren Vorstellungen oder Regeln, die als angemessen oder anständig gelten. Ethik ist ein Teilbereich der Philosophie, in dem es um Wertevermittlung geht. Sie ist der Boden, auf dem sich unser Handeln und Denken bewegt. Sämtliche Religionen basieren auf ethischen Grundwerten (wie die Zehn Gebote im Christentum), die sich im Übrigen stark ähneln, und einem sich daraus ableitenden vielfach interpretierbaren Menschen- und Weltbild. Die Grundlage der westlichen Demokratien beispielsweise wurzelt in den Menschenrechten und einem humanistischen Weltbild. Es gelten bei uns sowohl aus der christlichen Religion gespeiste ethische Werte, Normen, Regeln als auch politische wie Freiheit und Gleichheit. Recht und Gesetz basieren auf einem ethischen Selbstverständnis, das sich ein Staat und die dazugehörige Gesellschaft geben. Mit dem Rückgang des Einflusses der Religionen wird Ethik zunehmend ein Thema, das in gesellschaftlichen Einrichtungen verankert werden muss. Es häufen sich Ethik-Richtlinien zum Beispiel für Sterbenskranke oder alte Menschen, für Behinderte und mehr, in denen sich ganze Berufsgruppen zu Grundwerten bekennen, die sie in ihrer Arbeit umsetzen wollen.

Was hat Ethik mit Kraftquellen zu tun? Wenn ich mich auf die Entfaltung meines mir innewohnenden Potenzials beziehe und die Wahrnehmung des Verbundenseins mit allem in mir inspiriere, dann ist es wichtig, dass ich mir innerlich darüber klar werde, welche ethischen Grundwerte für mich gelten. Wollen Sie, dass man Sie aufrichtig und ehrlich behandelt und nicht belügt? Ist es Ihnen ein Anliegen, dass arme und kranke Menschen geschützt werden? Welche Werte gelten für Sie, an die Sie sich grundsätzlich halten? Was erwarten Sie von anderen Menschen?

Es lohnt sich, darüber nachzudenken und einige Notizen zu machen. Meist tun wir das gar nicht oder erst dann, wenn es eine öffentliche Diskussion zu einem Thema gibt wie zur Sterbehilfe oder der Ehe von gleichgeschlechtlichen Menschen.

Ethisches Verhalten ist eine Kraftquelle, mit der wir Lebensenergie in positive Kanäle lenken, auch wenn das bedeutet, dass wir nicht alles haben können, was wir vielleicht gerne hätten. Wir können uns innerlich bekennen zu einer nachhaltigen Wirtschaft, zum Umweltschutz und entsprechend handeln. Damit tun wir Gutes für uns und andere. Das wiederum stärkt nicht nur die Gemeinschaft oder die, für die wir positiv handeln, sondern auch uns selbst. Ethisches Handeln gibt Energie und wirkt sich aus, denn wir setzen Zeichen in der Gesellschaft und damit auch für andere. Daher gehört Ethik für mich zu den Kraftquellen, um die wir uns gerade heute – angesichts Globalisierung, Klimawandel, wachsender Armut und zahlreicher kriegerischer Auseinandersetzungen – wieder besonders kümmern sollten.

Spirituelle Kraftquellen

Alle großen Religionen und spirituellen Systeme auf dieser Welt haben teilweise über Jahrtausende Kraftquellen geschaffen und ihnen eine Gestalt gegeben in Form von Bildern oder heiligen Schriften, in Gesängen, Klängen und Ritualen. Religionen prägten die Werte und Normen im Zusammenleben von Menschen ganzer Länder, man wurde in sie hineingeboren. Heute im Zeitalter der Digitalisierung und Globalisierung sind Religion und Spiritualität nicht mehr ortsgebunden und es gibt in westlichen Gesellschaften einen Trend zur Individualisierung der Spiritualität jenseits der Religionen. Das ist die Chance, persönliche Wege in den Raum des Verbundenseins zu finden und dabei der Stimme des eigenen Herzens zu folgen. Es gibt niemanden mehr, der einem Vorschriften machen kann, wir brauchen nichts unhinterfragt zu übernehmen. ***Jeder kann heute selber entscheiden, welche spirituelle Kraftquelle er haben möchte.*** Aber damit hat man auch die Qual der Wahl und die Verantwortung, selbst zu entscheiden und nicht alles religiösen Institutionen wie der Amtskirche oder einem Guru zu überlassen. Eine spirituelle Kraftquelle, die einen Menschen wirklich trägt, ist eine Brücke, die direkt in den Raum des Verbundenseins mit allem führt. Das kann die Sonne, der Mond sein, eine Erinnerung, ein heiliges Wesen, ein Symbol, ein Klang, eine Farbe. Wichtig ist, das Herz ganz für diese Quelle zu öffnen, ihr vollkommen zu vertrauen. In der Präsenz der Kraftquelle fühlen wir uns geborgen, geschützt und in unserem Sein vollkommen angenommen.

»Im Gegensatz zum Tier sagt dem Menschen kein Instinkt, was er muss, und im Gegensatz zum Menschen in früheren Zeiten sagt ihm keine Tradition mehr, was er soll, und nun scheint er nicht mehr recht zu wissen, was er eigentlich will.«

Viktor Frankl

Zum Beispiel: Katis Sonne

Meine Freundin Kati hat eine Sonne als Kraftquelle gewählt. Sie gibt ihrer Sonne eine tiefe, sehr persönliche Bedeutung. Für sie ist sie ein Sinnbild und eine unerschöpfliche Quelle für Wärme, Liebe, Freude, Geborgensein, Lebendigkeit, Licht, geistige Führung und mehr. Kati nutzt die Sonnenergie immer dann, wenn sie Kraft tanken oder sich von Alltagssorgen befreien möchte. »Ich fühle mich wie ein menschlicher Akku, den meine Sonne auflädt. Die Energie fließt direkt in mein Herz, so viel wie ich brauche. Ich ziehe los, tue, was ansteht. Ich weiß, auftanken geht überall und immer. Das ist eine neue und wunderbare Lebensqualität. Ich bin der Akku und das Ladegerät hab ich immer dabei. Ich brauche mir die Sonne nur vorzustellen. Manchmal dusche ich mit ihrem Licht oder hülle mich damit ein. Das ist dann anders als mit der Akkuaufladung. Ein bisschen feiner … Die Sonne, ja, es ist meine Sonne, ganz orangerot, kugelrund, hell und warm. Für mich ist sie die einzig stimmige spirituelle Kraftquelle. Alles andere funktioniert nicht. Und ich habe schon einiges ausprobiert.«

Die Sonne inspiriert in Kati Freude, Wohlbefinden, und das stärkt sie. Schon morgens beim Aufstehen denkt sie an ihre spirituelle Kraftquelle – und auch tagsüber immer wieder. Sie nimmt die Sonne mit in brenzlige Situationen, erinnert sich an sie, wenn es Ärger gibt, und hüllt sich in ihre wärmenden Strahlen, wenn sie traurig oder krank ist oder sich fürchtet. Nachdem sie schon einige Übung hat mit ihrer spirituellen Kraftquelle, löst bereits die Vorstellung der Sonne in ihr Freude aus, das Gefühl, ganz lebendig zu sein, verbunden mit der Natur und den Menschen. »Und wenn ich mich glücklich fühle«, sagt Kati, »brauche ich die Vorstellung der Sonne nicht mehr, dann werde ich selber zur Sonne. Sie ist dann nicht mehr draußen, sondern in mir, in mich hineingeschmolzen.«

So ist das mit einer spirituellen Kraftquelle, die uns zutiefst berührt. Zunächst haben wir eine Vorstellung von der Kraftquelle, ein inneres Bild, das wir mit unserer Phantasie ausmalen können. Die inneren Bilder lösen Empfindungen aus wie

Freude, Zufriedensein, Liebe. Dabei paart sich das persönliche Empfinden mit einer Vorstellung von überpersönlichen unermesslichen oder heiligen Qualitäten wie grenzenloser Weite, allumfassender Freude oder bedingungsloser Liebe. Wenn wir selbst zu Liebe, Weite, Geborgenheit und mehr werden, also die Qualitäten unserer Kraftquelle in uns hineinnehmen, brauchen wir die konkrete Vorstellung von ihr nicht mehr. Dann lösen wir die inneren Bilder auf und ruhen in einem Feld von Potenzialität. Wieso geht das? Es geht, weil wir alles in uns haben. Unser Potenzial ist immer da. Es wird lediglich geweckt von der Kraftquelle, die unsere Herzensqualitäten verkörpert. Katis Sonne ist für sie ein Symbol für alle diese Qualitäten. Ihre Sonne zeigt ihr den Weg in die ursprüngliche Vollkommenheit. Insofern ist sie ein geschicktes Mittel, ein Werkzeug. Bei der Ankunft im Herzen der Vollkommenheit wird das Sonnensymbol überflüssig. Es war nur ein Wegweiser.

Sie allein wissen, was Ihnen Kraft gibt

Jeder Mensch hat eine eigene Vorstellung von seiner Kraftquelle. Es ist wichtig, diese zuzulassen, ohne sich an irgendwelche Vorgaben zu halten, die uns beispielsweise durch Erziehung, Gewohnheit oder Religionszugehörigkeit gemacht wurden. Gönnen Sie sich die Freiheit, tief in Ihr Herz zu spüren! Wählen Sie die Kraftquelle, die ganz und gar ausdrückt, was für Sie vollkommene Liebe, Weisheit und Geborgenheit bedeutet, auch wenn es eine ungewöhnliche Vorstellung ist. Entscheiden Sie sich für eine Erinnerung oder ein Symbol, das nur für Sie gilt.

Jede Kraftquelle hat einen Aspekt, in dem wir Verbundensein erleben können. Ob, wo, wann und wie wir diese erleben, ist ganz individuell und hängt von vielen Umständen ab. In der folgenden Visualisierung dringen Sie von der äußeren Kraftquelle, die noch ganz sinnlich-gegenständlich ist und die Sie vor Ihrem geistigen Auge wie in einem Spiegel sehen, zur inneren Kraftquelle vor. Diese nutzen Sie, um energetisch aufzutanken. Dann lösen Sie sich von der besonderen Empfindungsqualität Ihrer Kraftquelle und gehen in die Wahrnehmung des Durchströmtwerdens, in der Sie Verbundensein mit allem spüren können. In diesem Feld ist die spirituelle Kraftquelle angesiedelt.

Meine spirituelle Kraftquelle finden

1. Ziehen Sie sich an einen stillen Ort zurück, an dem Sie ungestört sein können.
2. Nehmen Sie eine Haltung mit einem aufrechten Rücken ein, entweder sitzend oder liegend.
3. Tun Sie für einige Zeit nichts anderes, als innezuhalten und zur Ruhe zu kommen, zum Beispiel, indem Sie Ihren Atem beobachten und dabei spüren, wie Sie mithilfe der Atmung im Austausch mit der Welt sind.
4. Nun reisen Sie in Ihrer Vorstellung an einen Kraftplatz, an dem Sie sich vollkommen geschützt und geborgen fühlen. Sehen Sie diesen Ort in aller Farbenpracht und Schönheit wie eine Art Paradiesgarten vor sich und nehmen Sie wahr, wie Sie sich mittendrin bewegen.
5. An einem besonders heilsamen Platz, vielleicht in einem kleinen Tempel vor Ort oder unter einem Baum, begegnen Sie Ihrer ganz persönlichen Kraftquelle, Ihrer Verkörperung von Wahrheit, Weisheit und Liebe in einem allumfassenden Sinn. Sie erkennen sie daran, dass Sie sich in ihrer Nähe vollkommen geborgen und sicher fühlen.
6. Schauen Sie Ihre Kraftquelle an, nehmen Sie alle Details an ihr wahr, prägen Sie sich ihre Gestalt und ihre Ausstrahlung ein.
7. Fragen Sie Ihre Kraftquelle, wie Sie die Verbindung mit ihr halten können.

8. Dann reisen Sie gedanklich wieder zurück zu Ihrem Ausgangsort.
9. Lösen Sie die inneren Bilder in einen blauen Himmel hinein auf, danach verweilen Sie noch einen Moment in Stille.
10. Nehmen Sie den Kontakt zum Boden wahr, spüren Sie Ihren Atem. Lassen Sie sich Zeit, um wieder im Alltag anzukommen.

Die Herzensverbindung zählt

Meist dauert es eine Weile, bis man seine persönliche spirituelle Kraftquelle gefunden hat. Es kann sein, Sie haben die Qual der Wahl, weil Ihnen gleich mehrere einfallen, oder es erscheint Ihnen zunächst gar kein inneres Bild. Vielleicht liegt Ihnen das Visualisieren nicht? Dann können Sie versuchen, ob es eine Schwingung, ein Klang ist, mit dem Sie in Resonanz gehen können, oder ob Sie eher die energetische Qualität einer Kraftquelle spüren. Wenn es nicht gleich funktioniert, lassen Sie sich Zeit, experimentieren Sie und bleiben Sie geduldig.
Zu Ihrer spirituellen Kraftquelle sollten Sie eine Herzensverbindung haben. Das ist der Fall, wenn Sie spüren, dass Sie Ihrer Kraftquelle vollständig

vertrauen, ohne Wenn und Aber. Es ist eine Empfindung von Geborgensein, die grenzenlos und tief ist. Nicht sinnvoll ist es, vorgeprägte Kraftquellen zu nehmen, die man aus irgendeinem Zusammenhang reißt, eventuell aus Gewohnheit, ohne dass das Gefühl zu ihnen trägt. Was zählt, ist die Herzensverbindung.

Wenn Sie die nachfolgende »Kraftquellenmeditation« praktizieren wollen, sollten Sie schon ein inneres Bild von Ihrer spirituellen Kraftquelle haben, denn sie ist der Ausgangspunkt für diese ausführliche Visualisierung. Mit etwas Übung können Sie bei Bedarf direkt in die Vorstellung der Kraftquelle gehen, auch mithilfe eines Mantras, und sich bestimmte Einzelaspekte der Visualisierung herausgreifen wie etwa die innere Reinigung und Heilung oder das Mitgefühl, das aus Ihrem Herzen, genährt von der Kraftquelle, zu notleidenden Menschen fließt. Oder Sie wählen das Aufgehobensein in einem Netz mit anderen Kraftquellen, die ein Energiefeld bilden. Sie müssen nicht immer die ganze Visualisierung durchführen.

Für den Anfang gilt jedoch: Prägen Sie sich in Einzelsitzungen die gesamte Visualisierung ein, bis Sie sie auswendig können. Entwickeln Sie dadurch eine Kontinuität oder Gewohnheit im Umgang mit Ihrer spirituellen Kraftquelle. Seien Sie dabei humorvoll und erfinderisch. Geben Sie Ihrer Kraftquelle einen Platz im alltäglichen Leben, aber so, dass Sie Spaß mit ihr haben. Wenn es ernst wird, dann meldet sich die Kraftquelle von selbst, vorausgesetzt Sie haben vorher eine positive Gewohnheit mit ihr entwickelt.

ÜBUNG

Kraftquellenmeditation

1. Nehmen Sie sich etwa eine Stunde Zeit, in der Sie ungestört sein können. Schalten Sie Ihr Handy aus. Wenn es klingelt, gehen Sie nicht an die Tür.
2. Nehmen Sie eine entspannte Körperhaltung mit aufrechtem Rücken ein, entweder sitzend oder im Liegen.
3. Machen Sie einige Minuten lang eine Atemmeditation, um zur Ruhe zu kommen.
4. Dann sehen oder spüren Sie in Ihrer Vorstellung im Raum vor sich Ihre Kraftquelle, die ein Ausdruck allumfassender Liebe, Weisheit und Wahrheit ist. Das kann eine Gestalt sein, eine Farbe, ein Symbol, ein Klang, etwas aus der Natur.
5. Nehmen Sie wahr, wie Energie oder Licht von der Kraftquelle um Sie herumfließt und in Sie hineinströmt, über Ihre Poren oder den Scheitelpunkt am Kopf.

6. Lassen Sie sich von dieser Energie durchströmen. Sie fließt auch dorthin, wo Sie möglicherweise gerade körperliches Unwohlsein oder Beschwerden spüren. Gleichzeitig fließt alle Anspannung aus Ihnen hinaus.
7. Laden Sie sich bis in die Zellen hinein auf mit der heilenden Energie Ihrer Quelle.
8. Diese Energie verdichtet sich in Ihrem Brustkorb um das Herz herum und verwandelt sich in eine kleine Sonne, die in alle Richtungen strahlt.
9. Schicken Sie diese heilsame Energie nun, während Sie in Verbindung mit Ihrer Kraftquelle bleiben, an einen Menschen, der in einer Notlage ist.
10. Als Nächstes dehnen Sie die heilsame Energie aus. Lassen Sie sie an Orte fließen oder zu anderen Menschen, die Heilung brauchen können.
11. Nun richten Sie die Aufmerksamkeit wieder auf Ihre Herzenssonne.
12. Nehmen Sie sich wahr als einen Lichtpunkt unter zahlreichen Lichtpunkten im Universum, die miteinander vernetzt sind und heilsame Energien aussenden. Sie gehören zu diesem Netz, sind ein Teil davon.
13. Dieses Netz bildet ein Energiefeld, das einfach nur da ist und strahlt. Verweilen Sie ein wenig in dieser Wahrnehmung.
14. Jetzt lösen Sie die inneren Bilder auf, so wie ein Regenbogen in einen blauen Sommerhimmel hinein schmilzt.
15. Spüren Sie wieder Ihren Atem, Ihren Körper, den Kontakt zum Boden.

16. Bewegen Sie sich sanft und vorsichtig. Öffnen Sie die Augen. Stehen Sie auf.
17. Lassen Sie die Meditation kurz in sich nachklingen, bevor Sie wieder in Ihren Alltag zurückkehren.

Der Energie eine Richtung geben

Sie können in Notlagen Ihre spirituelle Kraftquelle um Hilfe bitten. Seine Kraftquelle anzurufen ist nichts Esoterisches und auch kein Spuk. Es ist schlicht und ergreifend eine Bündelung von Energie, der man eine bestimmte Ausrichtung gibt. Alle religiösen Traditionen kennen diese Form von Energielenkung, des Einsgerichtetseins in Gebeten, vor allem im Stoßgebet. Im Hinduismus und einigen buddhistischen Traditionen werden dazu Mantras rezitiert, heilige Wortsilben, die in Form von Klang eine Gottheit oder ein heiliges Prinzip verkörpern.

Andere spirituelle Kraftquellen

Mantras sind Kraftquellen in Klanggestalt. Sie wurden geschaffen, um eine direkte Verbindung mit Gottheiten oder dem überpersönlichen Raum herzustellen. Das Wort Mantra kommt aus dem Sanskrit und heißt in etwa Spruch, Gebet, Anru-

fung. Ein Mantra ist ein Werkzeug für den Geist, es dient der inneren Sammlung. Die Rezitation, das heißt die ständige Wiederholung eines Mantras, hilft, das innere Geschwätz, den unkontrollierbaren Gedankenfluss zu beruhigen oder gar zum Versiegen zu bringen. Deshalb finden wir Mantras auf fast allen spirituellen Erkenntniswegen.
Beim Rezitieren eines Mantras geht man in Resonanz mit der reinen Ausdrucksform des Heiligen. Zunächst würde man denken, das kann nicht sein. Einen heiligen Satz oder einen Laut wie das OM oder AUM ständig zu wiederholen, zu sprechen, zu singen – das macht doch stumpfsinnig! Die altindischen Weisheitstexte lehren: Das Gegenteil ist der Fall.
Man kann Mantras auch gut in den Alltag integrieren. Beim Singen oder Tanzen oder Gehen beispielsweise kann die Mantra-Rezitation an den Atemrhythmus gekoppelt werden. Mantras können auch mit einer Vorstellung, einem inneren Bild, verbunden werden. Auch leise gesprochen, gehaucht oder nur gedacht wirken Mantras auf das Denken und Fühlen und fördern die Konzentration. Mit ihnen einzuschlafen läutert den Geist.
Sie können zum Beispiel das Wort »Schalom« oder »Hallelujah« als Mantra nehmen oder sich eigene Mantras kreieren.

In der altindischen Tradition glaubte man, der Klang, das Mantra, sei die wahrhaftige Verkörperung der Gottheit, der Name sei identisch mit ihr. Heutzutage haben wir ein anderes Verhältnis zur Sprache und empfinden das in der Regel nicht mehr so. Dennoch, wer mag, kann ausprobieren, wie die persönliche spirituelle Kraftquelle und ein Mantra zusammengehen.
Sie können sich auch einen eigenen Klang, ein Mantra oder eine Melodie erschaffen oder Ihrer spirituellen Kraftquelle einen besonderen Namen geben, den Sie aussprechen und rufen können, vor allem in der Not. Mit der Zeit erhalten der Name oder das Mantra die Bedeutung der Kraftquelle, werden zu ihren Stellvertretern.

DAS MANTRA AUM

AUM steht für die höchste Wirklichkeit.
Es ist ein Symbol für das, was war, was ist und was sein wird.
AUM symbolisiert außerdem, was jenseits von Vergangenheit, Gegenwart und Zukunft liegt …
Jene, die AUM als das Selbst erkennen, werden das Selbst …

Aus der Mandukya-Upanischad

Gebete: Am Beispiel des Hilferufs oder Stoßgebets wird deutlich, dass die spirituelle Kraftquelle ein Brückenschlag ist in einen anderen Raum, in das Feld von Potenzialität. Stellen Sie sich eine Notlage vor: Sie sehen, wie ein Auto auf Sie zurast, und können nicht ausweichen. In dieser Situation beten Sie: Lieber Gott, hilf mir! Oder Sie sprechen Ihr Mantra: OM, oder Sie rezitieren das Ave Maria. Was immer es ist, Sie geben der inneren Not eine Ausdrucksform, bitten eine göttliche Kraft um Hilfe. Sie überlassen sich dieser Kraft, weil Sie keine Wahl mehr haben. Vielleicht überleben Sie die Situation, vielleicht auch nicht. Doch ein Funken Hoffnung auf das Wunder der Rettung ist noch da. Sie richten Ihr Gebet in einen Raum, der unsterblich ist. Das ist eine energetische Bündelung. Ihr Glaube, Ihre Überzeugung, dass das Gebet helfen wird, lädt es mit Kraft auf. Sie schießen den Pfeil ab. Wer zu seiner spirituellen Kraftquelle betet, hat Vertrauen in eine überpersönliche Ebene entwickelt und gelernt, alles zu übergeben. Das ist nicht nur in Krisen hilfreich.

Mandalas: Ich habe bisher äußere, innere und spirituelle Kraftquellen unterschieden und erläutert, was jeweils dazugehört und was diese Quellen leisten können. Im Grunde geht es bei allen Kraftquellen um die Erschließung einer Ebene, die jenseits der äußeren oder gefühlten Erscheinung liegt, also um die spirituelle Potenz der Kraftquellen. Diese wohnt in allem. Der Prozess der Erschließung von Kraftquellen ist dem Prozess der Erschließung eines Mandalas ähnlich.

Mandalas sind meist kreisrunde Wohnsitze der Götter, die dreidimensional gedacht werden, jedoch auf einer Fläche, also zweidimensional gezeichnet sind. Schon in den altindischen Veden kommen Mandalas vor. Das Wort Mandala kommt aus dem Sanskrit: *manda* heißt Essenz und *la* bedeutet Behältnis. Es ist ein kreisförmiges, rundes Gefäß, auf die Mitte – die Essenz – fokussiert und Gegenstand der Meditation. Das Mandala ist ein Symbol des Absoluten, der Heilung, für Ganzheitlichkeit. Als Meditationsobjekt, zum Beispiel im tantrischen Buddhismus, ist das Mandala ein Ort, an dem eine Gottheit in einer Art himmlischem Palast wohnt. ***Eigentlich verkörpert ein Mandala das gesamte Universum. Als visuelles Hilfsmittel dient es dazu, dass man komplexe religiöse Zusammenhänge verinnerlicht, indem man sich seine symbolische Bedeutung in der Betrachtung oder Visualisierung erschließt. Man begibt sich dabei quasi in den Palast der Gottheit hinein.*** Da es unterschiedliche Gottheiten gibt, gibt es vielfältige Mandalas. Als Ausdrucksform des Heiligen prägen Mandalas die hinduistische und auch die buddhistische Kultur. Es gibt sie jedoch auch anderswo, beispielsweise in indianischen Traditionen. Das zeigen die Sandmandalas der Hopi und der Navajo.

Ein Mandala ist stets umgeben von konzentrischen Kreisen, die symbolische Bedeutung haben. Die meisten Mandalas haben vier Tore, gemäß den vier Himmelsrichtungen. Wenn eines der Tore sich

geöffnet hat, gelangt man ins Wohnhaus der Götter. Große Straßen führen direkt ins Allerheiligste – den Tempel und eigentlichen Wohnort der Gottheit. Wer ihn betritt, steht dem Göttlichen im Mittelpunkt des Mandala-Kreises von Angesicht zu Angesicht gegenüber. Im Spiegel der Gottheit erkennt man die eigene Vollkommenheit. Das ist ein zutiefst spirituelles Erlebnis. Es symbolisiert das Ankommen in der Mitte, jenseits der Dualität. Von nun an trägt der Besucher diese Erfahrung in sich, er hat den Weisheitsgeist geschaut.
In der folgenden Visualisierung möchte ich Sie dazu einladen, in das Innerste Ihres persönlichen Mandalas zu reisen, dort Ihrer spirituellen Kraftquelle zu begegnen und danach die gemachten Erfahrungen zu zeichnen oder zu malen.

VISUALISIERUNG

Mein eigenes Mandala

1. Legen Sie sich einige Bögen Papier, am besten einen Zeichenblock, und Buntstifte oder Farben sowie einen Zeichenstift und einen Zirkel auf einem Tisch bereit.
2. Setzen Sie sich an den Tisch und nehmen Sie eine aufrechte Haltung ein.

3. Schließen Sie die Augen und kommen Sie innerlich zur Ruhe.
4. Sehen Sie nun den Wohnort Ihrer Kraftquelle vor Ihrem geistigen Auge. Er befindet sich in der Mitte einer heiligen kreisförmig angelegten Stadt in einem Gebäude. Die Stadt selbst ist umgeben von einer Mauer mit je einem Tor in jede der vier Himmelsrichtungen. Sie sehen alles vor sich, nehmen die Farben wahr, die Formen, die Zugänge.
5. Gehen Sie in der Stadt herum und lassen Sie die Eindrücke auf sich wirken.
6. Nun betreten Sie das Gebäude Ihrer Kraftquelle im Zentrum des Mandalas. Wahrscheinlich ist das ein Tempel. Achten Sie auf Formen, Farben, die Ausstrahlung. Hören Sie Klänge?
7. Sie begegnen dort Ihrer Kraftquelle. Wie sieht sie aus? Sie können ihr eine Frage stellen, mit ihr sprechen.
8. Wenn es an der Zeit ist, verlassen Sie Ihr Mandala.
9. Wählen Sie kurz die Vogelperspektive und betrachten Sie alles noch einmal von oben, vielleicht aus dem Helikopter? Verschaffen Sie sich einen Überblick über den heiligen Wohnort, das gesamte Mandala.
10. Dann lösen Sie die inneren Bilder auf, indem Sie weißen Rauch durch sie hindurchziehen lassen.
11. Schließlich öffnen Sie wieder die Augen. Nehmen Sie sich Zeit, um anzukommen.
12. Jetzt zeichnen Sie mit dem Zirkel einen großen Kreis auf ein Blatt Papier. Dann malen Sie dort hinein Ihr Mandala, die Formen und Farben, wie sie aus Ihrer

Vorstellung fließen. Es muss nichts Gegenständliches sein. Und je nach Lust und Laune können Sie den Kreis von außen nach innen oder von innen nach außen füllen.

13. Bleiben Sie aber dabei, die Mitte des Kreises als den Fokus zu sehen und den Rand als Ausgangspunkt.
14. Vielleicht hängen Sie das Mandala auf oder geben ihm einen besonderen Platz in Ihrer Wohnung?

Meditieren und Visualisieren: Die Fähigkeit, innere Bilder zu erschaffen, die uns beruhigen und guttun, können wir auch in der Meditation nutzen. Mithilfe unserer Imagination, dabei anknüpfend an Vorstellungen, die wir in unserem Bewusstsein gespeichert haben, entstehen traumgleiche Bilder, mit denen wir eine positive Bedeutung verbinden. Zum Beispiel können wir einen Buddha in Meditationshaltung vor unserem geistigen Auge sehen und ihn wertschätzen als ein Symbol für die eigene uns innewohnende reine Natur. Wir können aber auch ein Mandala wählen, sein Abbild betrachten oder es visualisieren, wenn wir es als Meditationsobjekt wählen.

Für weniger komplexe Meditationen wählen wir positive oder neutrale Vorstellungen, die der Natur entstammen und die jeder von uns kennt, wie beispielsweise den Himmel und die Wolken oder die

Wellen und den Ozean. Kontraproduktiv wäre es dagegen, sich in der Visualisierung auf einen Menschen zu fokussieren, etwa den Geliebten, oder auf Dinge, die wir haben wollen oder ablehnen. Solche inneren Bilder würden Begierde oder negative Emotionen anheizen und uns daran hindern, innere Ausgewogenheit zu finden.

Im Bild vom Himmel mit Wolken ist der Himmel ein Symbol für die Natur des Geistes oder das universelle Potenzial. Die Wolken stehen für sprunghafte Gedanken, Empfindungen, Wahrnehmungen, die kommen und gehen. Der Himmel ist dagegen konstant, er bleibt, ruht in sich. Er steht für das »Unverwundbare« in uns, den unermesslich weiten und strahlenden Raum unserer ursprünglichen Vollkommenheit, unbefleckt, frei von Wertungen, frei von Anhaftungen und Abneigungen. Der Himmel lässt sich von den Wolken nicht beeindrucken. Mit diesem Bild nutzen Sie eine positive Vorstellung, die im Alltag immer wieder inspiriert werden kann. Sie brauchen nur ab und an den Blick nach oben zu richten, dorthin, wo der Himmel ist. In der Meditation verwenden wir das Bild vom Himmel und den Wolken, um mit der unermesslichen Weite unserer wahren Natur in Berührung zu kommen.

Sein wie der Himmel ohne Wolken

1. Suchen Sie sich einen Ort, an dem Sie ungestört sein können. Setzen Sie sich aufrecht, aber bequem auf einen Stuhl oder ein Kissen, der Rücken sollte gerade sein. Achten Sie darauf, locker und entspannt zu sitzen. Die Wirbel liegen wie kleine Münzen übereinander. Ihre Hände ruhen mit den Handflächen nach unten auf Oberschenkeln oder Knien bzw. in einer Meditationshaltung.
2. Nun spüren Sie, wie Sie sich einatmend Lebensenergie oder Prana mit der Luft in den Körper holen und wie diese Sie innerlich aufbaut und nährt, während Sie genau beobachten, wie das Einatmen vor sich geht, was dabei im Körper geschieht. Ausatmend stellen Sie sich vor, dass Sie Prana abgeben, das von innen nach außen fließt und in die Luft um Sie herum eingeht. Bleiben Sie ein wenig bei der Atembetrachtung. So ist der Atem, Ihr Atem, Ihr Austausch mit der Welt, bei dem Innen und Außen ineinanderfließen …!
3. Wenn Sie ruhig geworden sind und spüren: Ich bin gut auf den Atem konzentriert, dann richten Sie Ihre Aufmerksamkeit auf dieses innere Bild: Sie sehen einen Himmel vor sich, der voller Wolken ist, gehen mit diesem Bild in Resonanz. Die Wolken ziehen vorbei, der weite Himmelsraum dahinter wird sichtbar. Er wird angestrahlt von der Sonne, ist hell und leuchtend blau.

4. Stellen Sie sich nun vor: Ich bin wie der Himmel ohne Wolken, offen, unermesslich weit und strahlend. Gedanken und Gefühle sowie alle meine Wahrnehmungen, beispielsweise von Geräuschen, Gerüchen, Berührungen, sind wie Wolken am Himmel, mal leicht und luftig, mal regennass und schwer, mal weiß und duftig, mal grauschwarz, finster-bleiern. All dieses Treiben geschieht an meinem Himmel, einem strahlend blauen Himmel.
5. Nun denken Sie: Ich bin wie der Himmel, der hinter den Wolken liegt, der leuchtet und strahlt. Er ist mein unermessliches Potenzial, ein Symbol für meine innere Vollkommenheit, meine Weisheit. Betrachten Sie die Wolken aus dieser Perspektive: Sie *sind* der Himmel. Die Wolken der Gedanken, Gefühle und Wahrnehmungen können kommen und gehen, doch Sie bleiben davon unberührt. Sie lassen das Ganze geschehen und mischen sich nicht ein.
6. Wenn Sie merken, es kommt Ablenkung und Ihre Gedanken springen hin und her wie ein Affe von Baum zu Baum, fokussieren Sie sich wieder auf den Atem, bis Sie ruhig werden und wieder konzentriert sind. Dann gehen Sie erneut in Resonanz mit dem Himmel und den Wolken.
7. Am Ende der Meditation öffnen Sie die Augen, dehnen und räkeln sich. Lassen Sie sich Zeit, wieder in der Welt anzukommen.

Wie lange so eine Meditation geht? Das entscheiden Sie selbst. Zunächst sind fünf oder zehn Minuten schon viel. Je mehr Übung Sie haben, umso mehr Freude werden Sie daran haben, die Meditation auszudehnen. Wenn die Zeit knapp ist, dann stellen Sie die Weckfunktion Ihres Handys ein und lassen es mit einem sanften Ton klingeln, als Hinweis darauf, dass diese wohltuende Pause vom alltäglichen geistigen Flohzirkus nun vorüber ist. Sie werden sich auf jeden Fall erfrischt fühlen und das Bedürfnis haben, das Mehr an Gelassenheit mit in den Alltag zu nehmen – was Ihnen von Mal zu Mal auch besser gelingen wird. Es ist wie beim Sport: ***Je häufiger und regelmäßiger Sie meditieren, umso mehr haben Sie davon.***

4

Kraftquellen – ein Weg, der nie langweilig wird

Sie haben nun viele Hinweise und Methoden kennengelernt, Ihre Kraftquellen zu entdecken und zu nutzen. An dieser Stelle möchte ich noch einmal betonen, dass die Früchte der Kraftquellenmeditation nur ernten kann, wer sie ins tägliche Leben integriert. Wer beim Aufstehen vielleicht das Mantra spricht oder im Laufe des Tages das Lachen der Nachbarin erwidert; wer auf dem Weg zur Arbeit die Sonne im Herzen spürt, die von der Kraftquelle genährt wird, oder sich unterwegs mal umschaut, weg vom Handy hin zu den Menschen, der Natur, der ist schon auf dem richtigen Weg. Auf diesem Weg gibt es keine Langeweile, sondern im Gegenteil viel Abwechslung und eine Erweiterung des Horizonts. Sie gewinnen mehr Lebensqualität, Wohlbefinden und inneren Frieden. Darüber hinaus haben Sie eine Zuflucht in der Not, lernen es, Abstand zu halten zu negativen Emotionen und

Ereignissen, und lassen sich weniger von Gefühlen überwältigen. Sie wachsen in die Tiefe und gewinnen Geistesfrieden.

Was uns auf diesem Weg sehr unterstützt, ist Beharrlichkeit – ein etwas sperriges Wort, das so viel wie Ausdauer, Festigkeit, Standhaftigkeit bedeutet. Es geht dabei um Standpunkte, eine bestimmte Positionierung. In unserem Fall ist damit gemeint, so oft wie möglich in der Mitte bzw. in einer Haltung von Gelassenheit zu bleiben. Das gilt besonders, wenn der Höhepunkt einer Erfahrung überschritten ist und die Kurve wieder nach unten geht. Dennoch bleiben wir beharrlich in unserem Glauben an die Kraftquelle, in der Hingabe an sie. Wir bleiben beharrlich in unserem Streben nach Vollkommenheit, in unserer Liebe. Beharrlich sein heißt, immer wieder zurückzukehren in die neutrale Zone zwischen den Extremen. Von dort aus suchen wir die persönliche Kraftquelle auf. So entstehen Besonnenheit, Gelassenheit, innere Ruhe, Mitgefühl. Das trägt im Leben und vor allem beim Durchwandern der Täler, der Lebenskrisen.

Den Wandel wertschätzen

Das einzig Konstante in unserem Leben ist der stete Wandel. Diesen einzuladen und das Neue anzunehmen, darin stärken uns Meditation und die Kraftquellen. Sich dafür zu entscheiden, alles so sein zu lassen, wie es ist, heißt Anhaftungen und Abneigungen ziehen zu lassen. Dann kommen wir irgendwann dahin, dass alle Gedanken, Gefühle und Wahrnehmungen da sein dürfen, seien sie positiv, negativ oder neutral. Wir erlauben ihnen, sich aus sich selbst heraus zu wandeln, ohne dass wir Fäden weiter spinnen – zu Geweben, Mustern, Gewohnheiten. Denn dazu lassen wir es nicht mehr kommen, indem wir unsere Bewusstseinsinhalte in den weiten Himmel hinein entlassen, bevor wir uns in sie verwickelt haben. Das ist doch eine Vision, für die es sich lohnt ein wenig zu üben, oder?

Eine Vision entwickeln

Auf dem Übungsweg mit den Kraftquellen lernen wir, uns als geistige Wesen zu sehen, die einen menschlichen Körper haben. Im täglichen Leben ist uns das meist nicht bewusst, wir kommen auch so mehr oder weniger gut klar, haben unsere sozialen Bezüge, unsere Verpflichtungen, vermutlich einen Beruf. Oft zerrinnt uns dabei die Zeit unter den Fingern. Das Leben läuft in geregelten Bahnen und wir durchwandern die unterschiedlichen Lebensphasen, wenn wir Glück haben bis zum hohen Alter. Die Fürsorge für das geistige Wesen in uns, das diesen Körper überleben wird, kommt jedoch meist zu kurz. Ist das so, weil wir in einer Welt leben, die überwiegend materialistisch orientiert ist? Materialismus als Weltanschauung ist fatal, denn damit pflegen wir nicht das Unsterbliche in uns, sondern das Handfeste, Greifbare und Vergängliche. In den westlichen Industriegesellschaften sind wir alle vom Materialismus mehr oder weniger infiziert. Die Gier, immer etwas anderes, Besseres, Neues haben zu wollen, ist dabei, unseren Planeten zugrunde zu richten.

Wer jedoch eine spirituelle Kraftquelle hat, übt, hinter den Dingen die Dimension zu sehen, in der alles mit allem verbunden ist, lebt anders mit der Vergänglichkeit – die mit der Zeit weniger bedrohlich wird. Die materielle Welt bekommt ihren angemessenen Platz, wird aber nicht überbewertet. Stattdessen erfahren wir Lebensqualität, indem wir spirituelle Ressourcen pflegen, das Streben nach innerer Balance wertschätzen, Zeit ha-

ben auch für andere, ihnen helfen und achtsam mit uns und allem Leben umgehen. Darin drücken sich eine Lebenshaltung und ein Menschenbild aus, das den Sinn des Lebens nicht im Erwerb von Dingen, dem Ausleben von Gier und Hass oder in endloser Geschäftigkeit sieht, sondern in der Entfaltung des individuellen kreativen Potenzials und dem damit verbundenen spirituellen Weg. Wenn ich eine Vision vom Leben und dem, was dieses Leben überlebt, habe, dann entwickle ich Zuversicht und es geht mir damit im Herzen gut.

Haben Sie jetzt Lust bekommen, ein wenig zu basteln an Ihrer eigenen Vision von dem, was das Unsterbliche ist – dazu gehören die Kraftquelle und das Feld, in dem alles mit allem verbunden ist. Wie wäre es, damit ein bisschen zu spielen, zu träumen, zum Beispiel darüber nachzudenken, wie das Leben als verwirklichtes, vollkommenes Wesen sein könnte?

In dem indischen Bundesstaat Sikkim haben Mönche in einem Kloster ihre Vision vom Leben nach dem Tod als Mandala einer Gottheit gestaltet. Um Padmasambhava herum, einem tantrischen Meister, der im 8. bis 9. Jahrhundert lebte und zusammen mit anderen Gelehrten den Buddhismus nach Tibet brachte, erschufen sie mit Puppen, Formen, heiligen Symbolen und Farben die Vision eines

Reinen Landes, eines Paradieses. Da waren prächtig gekleidete Gestalten, auch Kinder, monströse Yaks, hohe schneebedeckte Berge, goldene Tempel, ein üppiges Nahrungsangebot, Klöster und Gebäude von bescheidenem Wohlstand zu sehen. Eine paradiesische, glückliche Welt in einer permanenten Ausstellung, die viele Menschen besucht haben. Diese reine, heile Welt war mit Herzblut gestaltet und unglaublich inspirierend.

Wer den Mut hat, seine Träume ins Leben zu übertragen – nichts anderes ist der Mut zur Vision –, wird auch gestärkt in der Zuversicht, dass alle Wesen vollkommen sind, ganz im unermesslichen Potenzial aufgehen können. ***Gerade in der heutigen Welt, die in Zwietracht und Kriegen versinkt, in der Feindschaft, Hunger, Ungerechtigkeit und Not um sich greifen, brauchen wir ein Gegengewicht, um uns immer wieder zu motivieren, den Weg mit den Kraftquellen zu gehen.***

Eine Vision im Herzen oder auch ein selbst gestaltetes Bild davon, eine Collage, Skulptur oder Ähnliches, macht Mut und erinnert uns daran, dabeizubleiben, das Verbundensein ernst zu nehmen, zu pflegen und immer mehr hineinzuwachsen in ein Leben, das nicht von äußeren Dingen dominiert wird. Das ist wahrer Reichtum, oder? Also fangen wir damit an – wenn nicht jetzt ... wann dann?

Danke

Ich möchte allen danken, von denen ich lernen durfte, vor allem meinen spirituellen Lehrern, aber auch den Menschen, denen ich in meinen Kursen begegnet bin und die ich im Zusammenhang mit der Hospizarbeit kennengelernt habe, sowie meiner Familie.

Zum Weiterlesen

Bauer, Joachim: *Warum ich fühle, was du fühlst,* Heyne, München 2006

Berendt, Joachim-Ernst: *Ich höre, also bin ich,* Traumzeit Verlag, Battweiler 2009

Berendt, Joachim-Ernst: *Das Dritte Ohr,* Traumzeit Verlag, Battweiler 2008

Berndt, Christina: *Resilienz,* dtv, München 2015

Bernhard, Hans/Wermuth, Josef: *Stressprävention und Stressabbau,* Beltz, Weinheim 2011

Chödrön, Pema: *Liebende Zuwendung, Freude im Herzen,* Aurum, Braunschweig 2006

Chödrön, Pema: *Wenn alles zusammenbricht,* Goldmann, München 2001

Dalai Lama/Ekman, Paul: *Gefühl und Mitgefühl,* Spektrum Akademischer Verlag, Heidelberg 2011

De Waal, Frans: *Das Prinzip Empathie,* Hanser, München 2011

Easwaran, Eknath: *Die Upanischaden,* Goldmann, München 2008

Ekman, Paul: *Gefühle lesen,* Springer, Heidelberg 2016

Freund, Lisa: *Das Unverwundbare,* O.W. Barth, München 2011

Freund, Lisa: *Geborgen im Grenzenlosen,* O.W. Barth, München 2012

Goleman, Daniel: *EQ. Emotionale Intelligenz,* dtv, München 1997

Iding, Doris: *Quellen der Heilung,* Theseus, Bielefeld 2007

Kabat-Zinn, Jon: *Im Alltag Ruhe finden,* Knaur, München 2015

Korp, Harald-Alexander: *Lachen mit Buddha,* Herder, Freiburg im Breisgau 2016

Ricard, Matthieu: *Glück,* Knaur, München 2009

Seneca, Lucius Annaeus: *Von der Seelenruhe / Vom*

glücklichen Leben / Von der Muße / Von der Kürze des Lebens, Anaconda, Köln 2010
Thondup, Tulku: *Heilung grenzenlos,* Arkana, München 2001
Titmuss, Christopher: *Angst verlieren – Freiheit finden,* Tushita, Duisburg 2010
Tolle, Eckhart: *Eine neue Erde,* Arkana, München 2015
Trökes, Anna: *Yoga der Verbundenheit,* O.W. Barth, München 2017
Vessantara: *Das weise Herz der Buddhas,* do evolution Verlag, Essen 1999
Weber, Andreas: *Lebendigkeit: Eine erotische Ökologie,* Kösel, München 2014
Wilber, Ken: *Ganzheitlich handeln,* Arbor, Freiburg 2001

Im Internet:
Frankl, Viktor: Zitate unter https://www.aphorismen.de/suche?f_autor=1312_Viktor+Frankl
sowie unter www.sasserlone.de/autor/91/viktor.frankl/1/
Seneca, Lucius Annaeus: Zitate unter http://www.gutzitiert.de/zitat_autor_lucius_annaeus_seneca_1282.html
Sieger, Joerg: *Der Odem Gottes* (Auszug), unter http://www.joerg-sieger.de/glaube/themen/trinitas.htm
Singer, Tania/Bolz, Mathias (Hrsg.): *Mitgefühl in Alltag und Forschung,* kostenloser Download unter http://www.compassion-training.org/de/online/files/assets/basic-html/index.html#1

ISBN 978-3-95803-077-0

ISBN 978-3-95803-075-6

ISBN 978-3-95803-044-2

ISBN 978-3-95803-076-3

Alle Bände: 96 Seiten, Klappenbroschur,
durchgehend vierfarbig mit zahlreichen Fotos und Illustrationen

Lebenshilfe auf den Punkt gebracht

Achtsamkeit hilft uns, mit den Herausforderungen des Lebens geschickter umzugehen – und dabei die kleinen Freuden des gegenwärtigen Augenblicks aus vollem Herzen zu genießen. Die kompakten Pocketguides bieten einen unkomplizierten Einstieg: Eine Fülle an Übungen und Impulsen zeigt, wie sich Achtsamkeit konkret im Alltag umsetzen lässt.

ISBN 978-3-95803-080-0

ISBN 978-3-95803-007-7

ISBN 978-3-95803-047-3

ISBN 978-3-943416-92-3